Dr. C. E. Nyder

Die Twitter Files

Das ganze Ausmaß der Manipulation

KOPP VERLAG

Inhalt

Prolog 9

Einleitung 11

Teil 1: Die Twitter Files 19

Die Geschichte von Twitter 19

    Die Gründer 22

    Was macht Twitter so besonders? 24

    Feindliche Übernahme 33

    Wer ist Elon Musk 36

Die Twitter Files 43

    Herausforderungen 44

    Die Autoren 46

Twitter Files, Kapitel 1: Allgemeines 51

Twitter Files, Kapitel 2:
    Geheime schwarze Listen 59

    Exkurs: Die Lüge 64

Twitter Files, Kapitel 3–5: Die Sperrung
     von Donald Trump 69

Twitter Files, Kapitel 6–9: Einflussnahmen 88

Twitter Files, Kapitel 10: Corona 98

Twitter Files, Kapitel 11–14 104

Twitter Files, Kapitel 15: BioNTech
     und Hamilton 68 112

**Teil 2: Die vier Dimensionen
der Twitter Files** 125

    **1. Dimension: Im Dienst der
       guten Sache** **127**

    2. Dimension: Wirklichkeit vs. Narrativ **145**

    **3. Dimension: Systeme außer Kontrolle –
       Twitter und die Bunte Republik** **164**

    4. Dimension: Ein gutes Zeichen **184**

Schluss 201

Quellen 205

Bildnachweis 224

Prolog

Donnerstag, den 9. März 2023, Washington, D.C. Mit den Journalisten Matt Taibbi und Michael Shellenberger erscheinen zwei der Hauptautoren der Twitter Files vor dem US-amerikanischen Kongressausschuss. Thema der Anhörung: »Weaponization of the Federal Government«, womit die Umwandlung des Staates in eine Waffe gemeint ist.

Shellenberger gibt dabei sinngemäß folgende Aussage zur Bedeutung seiner Arbeit an den Twitter Files zu Protokoll[1]:

Im Jahre 1961 warnte Präsident Dwight D. Eisenhower in seiner Abschiedsrede vor dem sogenannten *military industrial complex.* Eisenhower zeigte sich besorgt darüber, dass die Verbindung von Staat und Rüstungsindustrie die Freiheiten und demokratischen Prozesse gefährde. Durch die Macht des Geldes der Rüstungsindustrie würden Forschung und öffentliche Meinungsbildung derart beeinflussbar, dass die Rechtsstaatlichkeit der amerikanischen Demokratie in Gefahr gerate mit dem Resultat, dass die öffentliche Meinung zum Spielball von Rüstungsinteressen und politischer Einflussnahme gerate.

Dwight D. Eisenhower

Die Warnung des scheidenden Präsidenten vor dem gefährlichen Einfluss der Rüstungsindustrie auf die Politik ist seitdem ein immer wiederkehrendes Thema im politischen Diskurs der USA, aber auch in unseren Breiten eine allseits bekannte Erklärung für die Fehler der amerikanischen Außenpolitik der letzten 50 Jahre. Die Tatsache, dass jeder Krieg der USA die Schatzkisten der Superreichen wie der Waffenlobby füllt, ist gemeinsame Überzeugung jeder europäischen Amerikakritik.

In der Zusammenfassung konstatiert Shellenberger, dass der Vorgang, vor dem Eisenhower zu Recht warnte, sich nun vor unser aller Augen abspiele. Allerdings entstehe diesmal ein industrieller Zensurapparat[2]. So Shellenbergers kurze Analyse der Bedeutung der Veröffentlichung der Twitter Files.

Danach kommt Matt Taibbi zu Wort. Er vergleicht den Vorgang, dass US-amerikanische Institutionen wie CIA und FBI bei Twitter die Entscheidungen beeinflussen konnten, wer auf dem Kurznachrichtendienst posten durfte und wer nicht, mit der Kommunistenhetze unter McCarthy. Dieser Vorgang allein sei schon beängstigend, so Taibbi. Aber noch viel schlimmer sei der Umstand, dass der Journalismus als Ganzes zu den Vorgängen schweige und damit seine Wächterrolle vollkommen aufgegeben habe. Damit verkomme die freie Presse zum verlängerten Arm der Regierung und der Geheimdienste. So werde ein von oben festgelegter Scheinkonsens durchgesetzt, und alle abweichenden Stimmen würden unter Generalverdacht gestellt. Sollte sich der industrielle Zensurkomplex mit seinem Wollen durchsetzen, so bedeute dies das Ende der Meinungsfreiheit und damit das Ende der westlichen Demokratien.

Wie konnte es so weit kommen? Dies werden die folgenden Seiten aufzeigen.

Einleitung

Die Twitter Files dokumentieren ein System, das völlig außer Kontrolle geraten ist. Zudem legen sie die Funktionsweise und das Ausmaß des Angriffs der Neuen Weltordnung auf die Freiheit offen. Aber: Noch ist nicht alles verloren.

24. Februar 2022: Mit dem Ausbruch des Ukrainekrieges erreicht die globale Auseinandersetzung zwischen Totalitarismus und Freiheit eine neue Eskalationsstufe. Damit ist auch klar, wer die Schuldigen an den Desastern der Gegenwart sind: die Vertreter der Neuen Weltordnung und ihre Knechte, die keine Gelegenheit auslassen, ihre buntfinstere Dystopie Realität werden zu lassen. Sie sind es, die einerseits für die menschenverachtenden Coronamaßnahmen sowie andererseits für den Ausbruch des Krieges die Verantwortung tragen.

Die Coronap(l)andemie ist die erste Katastrophe, die nachweisbar von den Handlangern der Neuen Weltordnung ins Bild gesetzt worden ist. Sie ändert alles. Die Herrschenden verfallen in ihrem Machtrausch zunehmend in ein immer radikaler werdendes Schwarz-Weiß-Denken, in dem es nur noch Freund und Feind gibt.

Aber selbst Ende 2021, auf dem Höhepunkt der staatlich organisierten Hetze gegen Ungeimpfte, war es noch unvorstellbar, dass nur wenige Monate später der Einsatz taktischer Atomwaffen öffentlich und ernsthaft diskutiert wird. Damit ist ein thermonuklearer Weltkrieg am historischen Ereignishorizont aufgetaucht. Erstmals seit

1947 steht am 24. Januar 2023 die Weltuntergangsuhr auf 90 Sekunden vor zwölf. Das ist so knapp wie nie zuvor.[3]

Zeitgleich verschärfen sich die sozialen Spannungen. Inflation, Energiekrise und ein spürbarer Verlust an Sicherheit bedrohen das Gemeinwesen mittlerweile bis ins Herz. Die schwärende Spaltung der Gesellschaft in Bessere und Renegaten hat alle sozialen Schichten erfasst. Dabei ergreift die Staatsgewalt immer öfter Partei. Die Neue Weltordnung nutzt das Schwert der Gerechtigkeit als Waffe. Das geht so weit, dass der Staat in den Händen der Neuen Weltordnung bis hinab in den Entscheidungsfindungsprozess privater Unternehmen eingreift und darauf Einfluss nimmt. Dies wiederum kann nicht ohne Auswirkungen auf den Alltag eines jeden Einzelnen bleiben.

Beweis dafür sind die im Spätherbst 2022 veröffentlichten sogenannten »Twitter Files«. In ihnen wird ersichtlich, dass der Ukrainekrieg ebenso Folge einer menschenfeindlichen Ideologie ist wie der Verfall der gegenwärtigen Zustände. Ein Bild ebendieser Zustände kann man sich anhand der publizierten Dokumente machen.

Der Veröffentlichung der Twitter Files geht ein gut halbjähriger Kampf um den Besitz des Kurznachrichtendienstes voraus, an dessen Ende sich der Unternehmer Elon Musk gegen die Repräsentanten der Neuen Weltordnung durchsetzt. Musks erste Amtshandlung besteht darin, ein Team um den US-amerikanischen Autor und Journalisten Matt Taibbi damit zu beauftragen, sich mit den internen Vorgängen von Twitter ab dem US-Präsidentschaftswahlkampf 2016 zu beschäftigen. Das Resultat liegt nun vor.

Erstmals erlangen Außenstehende intime Einblicke in das Innenleben der einflussreichsten Kommunikationsplattform der Welt. Zwar beschränken sich die Enthüllungen über die ideologischen Machenschaften der früheren Twitter-Führung bislang vornehmlich auf die USA, doch das reicht aus, um die schlimmsten Befürchtungen wahr werden zu lassen. Was wir beim Blick in die Twitter Files zu sehen bekommen, ist eine unappetitliche Mixtur aus politischen Einflussnahmen, meinungsmachenden Manipulationen und ideologischem Aktivismus im Sinne der Neuen Weltordnung.

Dabei können die Zustände beim Kurznachrichtendienst für die sozialen Medien insgesamt als repräsentativ angesehen werden. Von der Migration über Corona bis hin zum Krieg in der Ukraine – kein Konflikt, in dem Twitter nicht seinen Beitrag für den Sieg des bunten Totalitarismus über die Freiheit geleistet hat. Die Mittel, die dabei zum Einsatz kommen, könnten härter und schärfer nicht sein: offene Zensur, Diffamierung, Informations- und Meinungsunterdrückung.

Politiker und Politikerinnen, die wie Ricarda Lang der Überzeugung sind, dass alles Handeln unter der Prämisse des absoluten Menschenschutzes stehe, können die Rechte eines Individuums nicht mehr achten. Hier geht es um den totalen Zugriff auf das Leben eines jeden Einzelnen. Wie weit die Kämpfer für das Gute inzwischen bereit sind zu gehen, belegt ein Brief aus den Twitter Files. In ihm ersucht die Demokratische Partei im Wahlkampf 2020 zwischen Trump und Biden Twitter darum, die Beiträge »besser«, das heißt, zugunsten Joe Bidens zu moderieren. Dem steht zwar der erste Zusatz der US-amerikanischen Verfassung entgegen – er garantiert die absolute Rede- und Meinungsfreiheit –, doch wir erfahren, dass dieser für manche demokratischen Politiker eben »nicht absolut« sei.[4]

Das führt uns zu einem weiteren Aspekt, der die Twitter Files so wertvoll für heutige und künftige Historiker macht: der Authentizität der Aussagen, die eigentlich niemals das Licht der Öffentlichkeit erblicken sollten. Auf den ersten Blick mag diese die lückenlose

Ricarda Lang

>>Klimaschutz
ist Menschenschutz.<<

Ricarda Lang

Beweisführung hinsichtlich einer eventuellen Verschwörung hinter den freiheitsfeindlichen Machenschaften der Twitter-Mitarbeiter erschweren. Und in der Tat werden die bunten Medien nicht müde, auf die fehlende *smoking gun*, den eindeutigen Beweis also, hinzuweisen. Ein solcher wäre zweifellos ein amtliches Papier samt Briefkopf, Unterschrift und Stempel.

Jedoch wird auf den zweiten, durch die Twitter Files aufgeklarten Blick deutlich, dass in der Neuen Weltordnung Gesetze, offizielle Dokumente und Reden keine Bedeutung mehr haben, was nur folgerichtig ist in einer Welt, in der die Wirklichkeit mit all ihren unabänderlichen Gesetzen hinter >>Narrativen<< zurückstehen muss, also den gewünschten Erzählungen der Mächtigen, die sich einem flüchtigen Zeitgeist unterwerfen.

Damit sind wir bei der dritten Bedeutungsebene der Twitter Files angekommen. Gemeint ist der Ver- und Zerfall eines Unternehmens, das einst angetreten ist, die damals noch jungen sozialen Medien mit einer modernen und fortschrittlichen Geschäftsidee zu revolutionieren. Das war allerdings, bevor sich die Mitarbeiter als Exekutoren des bunten Zeitgeistes verstanden haben. Mit der rasch fortschreitenden Ideologisierung gerät das System, ausweislich der Twitter Files, immer mehr außer Kontrolle. Es dauert nur wenige Jahre, bis aus dem seriösen Kommunikationsdienstleister eine weltanschaulich gefestigte Einsatztruppe geworden ist – eine an vorderster Front agierende Taskforce im weltweiten Informationsguerillakrieg zwischen dumpfbuntem Totalitarismus und Freiheit.

Das alles mag übertrieben wirken, schließlich sind die USA weit weg, und Twitter ist letzten Endes nur ein Kurznachrichtendienst. Doch so zu denken, hieße, die Gefahr zu unterschätzen und eine Chance zu vergeben. Was wir mit den Twitter Files vor uns haben, geht weit über den Mikroblogging-Dienst und die USA hinaus. Warum?

Zum einen, weil der Fisch bekanntlich vom Kopf her stinkt und wir deshalb davon ausgehen können, dass in Europa und vor allem in Deutschland dieselben Zustände herrschen wie jenseits des Großen Teichs.

Zum anderen führen uns die Twitter Files anschaulich vor Augen, wie die Lenkung totalitärer Meinungsbildungsprozesse seitens der Protagonisten der Neuen Weltordnung vonstattengeht – virtuell und analog. Und das nicht nur in den USA. Beispiele dafür gibt es genug: vom Netzwerkdurchsetzungsgesetz über die staatlich beförderte, unkontrollierte Massenmigration und die Coronamaßnahmen bis hin zur deutschen Kriegspropaganda im Dienst der Ukraine und ihrer Hintermänner.

Des Weiteren vermitteln uns die Twitter Files einen Eindruck davon, auf welch breiter Front der bunte Totalitarismus der Neuen Weltordnung die Freiheit des Einzelnen sowie die der Völker attackiert. Es ist nicht mehr nur der politmediale Komplex, sondern ein politmedial-digitaler Komplex, mit dem wir es zu tun haben. Shellenberger nennt ihn den »industriellen Zensurkomplex«.

Gleichwohl, und dies ist die vierte, letzte und verhalten optimistische Dimension der Twitter Files, demonstriert bereits die schlichte Veröffentlichung der Dokumente, dass – trotz alledem – noch nicht alles verloren ist. Elon Musk und das Team rund um Matt Taibbi und Bari Weiss ermutigen diejenigen, die ihre Freiheit erhalten wollen, dazu, nicht nachzulassen. Letztere wissen nun, dass sie nicht alleine sind, sondern Verbündete haben, selbst unter denen, die man eigentlich dem Lager der Neuen Weltordnung zuordnen würde. Als solche ermöglichen der neue Twitter-Chef und sein Team es uns, die Funktionsweise des bunten Totalitarismus kennenzulernen und zu verstehen. Das ist wiederum Voraussetzung dafür, sich dessen Vereinnahmungsmechanismen erfolgreich zu entziehen und damit nicht nur sich selbst zu retten, sondern gleichzeitig wirkungsvoll Sand ins Getriebe der Neuen Weltordnung zu streuen. Denn nichts ist schlimmer für eine Ideologie, die den ganzen Menschen für sich beansprucht – und dies zeigen die Twitter Files eindrücklich –, als wenn ebendieser nicht mitmacht.

Am Lago de Vinter im Jahre des Heils MMXXIII

Autorenkollektiv Dr. C. E. Nyder

Teil 1

Die Twitter Files

Die Geschichte von Twitter

Alles beginnt am Abend des 21. März 2006 um 20:50 Uhr kalifornischer Zeit. In dieser Minute setzt Jack Dorsey, einer von drei Gründern des Kurznachrichtendienstes Twitter, den ersten von mittlerweile Billionen Tweets ab: »Just setting up my twttr.«

Damals ist es genauso wenig abzusehen, dass dieser Tweet einmal für rund 3 000 000 US-Dollar[5] versteigert werden wird wie dass Twitter

»Beep, beep, beep«
(die ersten Signale von
Sputnik, dem Triumph der
sowjetischen Raumfahrt)

4. Oktober 1957

einmal eine zentrale Rolle im weltweiten Ringen zwischen Freiheit und Totalitarismus einnehmen wird. Schließlich startet »twttr«, so der ursprüngliche Name, als Forschungsprojekt zur internen Kommunikation für Mitarbeiter eines Podcast-Anbieters.[6]

Ein Jahr später, 2007, nutzen die Teilnehmer der South-by-Southwest-Interactive-Konferenz Twitter, um die Öffentlichkeit an ihren Erfahrungen und Gedanken über die Veranstaltung teilhaben zu lassen. Damit erlebt der Mikroblogging-Dienst seinen ersten Durchbruch. Der nächste erfolgt 2010, als die Twitter-App für Smartphones auf den Markt kommt. Im November 2013 geht das Unternehmen schließlich an die Börse. Der Wert der Firma wird damals mit rund 14 200 000 000 Euro bewertet – nicht schlecht für ein Unternehmen, das gerade einmal 7 Jahre alt ist und von Beginn an tief in der Verlustzone steckt. So hat sich beispielsweise in den ersten 9 Monaten des Jahres 2013 zwar der Umsatz im Vergleich zum Vorjahr auf 422 000 000 Dollar verdoppelt, allerdings verdoppelt sich der Verlust ebenfalls: auf 134 000 000 Dollar.[7]

Für den Außenstehenden mag das alles unverständlich klingen. Wie kann ein Unternehmen, das in 7 Jahren keinen Gewinn abgeworfen hat und dessen Umsatzzahlen eine halbe Milliarde US-Dollar nicht übersteigen, einen zweistelligen Milliardenbetrag wert sein? Die IT-Branche allerdings kennt derlei Aufstiege und Entwicklungen zuhauf. Das Geheimnis dahinter ist die Fantasie. Noch sind die Möglichkeiten, welche die neuen Technologien bieten, bei Weitem nicht ausgenutzt. Solange das so bleibt, wird die Fantasie der Produktentwickler und Anleger weiter die Werte von IT-Firmen nach oben treiben. Bestes Beispiel dafür ist der Onlineversandhändler Amazon, der es ebenfalls jahrelang nicht in die Gewinnzone schafft. Und als es dann endlich so weit ist, halten sich die Überschüsse lange in Grenzen. Trotzdem entwickelt sich Amazon zum zeitweise wertvollsten

Unternehmen der Welt und sein Gründer Jeff Bezos zum reichsten Mann auf dem Globus.

So wie Amazon Produkte anbietet und liefert, liefert Twitter Informationen. Und so betreiben etwa Institutionen wie die renommierte Johns-Hopkins-Universität ebenso ein Twitter-Konto wie die Kampfeinheiten an der ukrainisch-russischen Front oder irgendwelche Trash-Ikonen. Das macht Twitter zu mehr als einem normalen IT-Unternehmen. Schon alleine deswegen, um ein Verständnis von der Welt zu gewinnen, muss man sich intensiver damit beschäftigen.

Am augenscheinlichsten ist die Beschränkung der Zeichenanzahl. Die Länge einer Mitteilung, eines »Tweets«, ist anfänglich auf nicht mehr als maximal 140 Zeichen beschränkt. Diese Zahl hat sich zwar inzwischen auf 280 verdoppelt, was freilich nichts an der Einschränkung ändert. Und genau hierin, in der Kürze, liegt die Würze oder, ökonomisch ausgedrückt, das Alleinstellungsmerkmal von Twitter.

Einerseits sind 140 beziehungsweise 280 Zeichen nicht viel – das weiß jeder, der schon einmal ernsthaft versucht hat, einen komplexen Sachverhalt in rund 20/40 Worte zu fassen. Andererseits ist Twitter somit Forum und Arena für die großen Vereinfacher und Zuspitzer, diejenigen also, deren Weltbild sich ohnehin vornehmlich aus Schlagzeilen und Allgemeinplätzen zusammensetzt. Daher wundert es nicht, wenn sich Twitter deshalb und aufgrund von ein paar technischen Besonderheiten schon bald zur bevorzugten Kommunikationsplattform und Nachrichtenquelle von Journalisten, Publizisten und sonstigen Medienschaffenden entwickelt.

Doch der Reihe nach.

Die Gründer

Bevor wir uns genauer damit beschäftigen, wie aus einer sehr sympathischen und im besten Sinne progressiven Idee die zentrale Verlautbarungsplattform der Neuen Weltordnung werden konnte, wollen wir uns zunächst einmal den drei Gründern zuwenden.

Da wäre als Erster Christopher Isaac »Biz« Stone. Geboren am 10. März 1974 in Massachusetts, wächst Stone in einer Bostoner Vorstadt auf. An der Northeastern University studiert er Grafikdesign, anschließend arbeitet er für eine Reihe Unternehmen im Bereich Design und IT, wobei er schon früh bei Xanga Erfahrung mit sozialen Medien sammelt.

Seine gesamte Karriere hindurch wird Stone von Brancheninsidern als innovativer Macher beschrieben. Den Höhepunkt seines von vielen Auszeichnungen und Ehren geschmückten Werdegangs erlebt er zweifelsohne 2009, als das prestigeträchtige Magazin *TIME* ihn gemeinsam mit den anderen beiden »Twitter Guys« zu den 100 einflussreichsten Menschen der Welt zählt.[8] Wie bei vielen anderen, die einen ähnlichen Lebensweg vorzuweisen haben, wird Biz Stone ebenfalls nachgesagt, Philanthrop zu sein, was immer das auch heißen mag.[9]

Der zweite im Bunde ist Evan Williams, geboren am 31. März 1972 in Clarks, Nebraska. Er gehört zu jenen Zeitgenossen, die sich als Mitbegründer einer Reihe innovativer und erfolgreicher Start-ups einen Namen machen, um sie anschließend mit sattem Gewinn zu verkaufen. Beispiele dafür sind: Pyra Labs – eine Softwareentwicklungsfirma –, Blogger – eine populäre Blogging-Plattform – sowie Obvious, eine Firma, mit der er das oben beschriebene Geschäftsmodell professionalisiert und als Service anbietet. Darüber hinaus ist er am

Nahrungsmittelproduzenten Beyond Meat beteiligt, dessen Geschäftsidee es ist, aus pflanzenbasiertem Nahrungsbrei so etwas wie Fleisch herzustellen. Produkte, die sich in moralisch besseren Kreisen der angesagten Großstadtviertel größter Beliebtheit erfreuen. Dieses Engagement von Williams lässt tief blicken. Indem er die bunte Lebenslüge vom angeblich umwelt- und menschenrettenden Fleischersatz nicht nur propagiert, sondern finanziert, gibt er sich als überzeugter Verfechter der Neuen Weltordnung zu erkennen. Dazu passt, dass Williams nach der Wahl von Donald Trump zum US-Präsidenten erklärt: »Ich dachte,

Jack Dorsey

»Undank ist
der Welt Lohn.«

Heinrich Pröhle

sobald jeder frei sprechen und damit Ideen und Informationen austauschen könnte, würde die Welt automatisch zu einem besseren Ort werden. Damit habe ich mich geirrt. [...] Ich denke, das Internet ist kaputt.«[10] Wie Williams und seine Gesinnungsgenossen den Schaden zu beheben gedenken, das werden die Twitter Files offenlegen.

Vorher müssen wir uns aber noch mit Jack Patrick Dorsey beschäftigen. Geboren am 19. November 1976 in St. Louis, Mississippi, ist er zweifellos der bekannteste Kopf des Twitter-Gründungstrios. Das liegt weniger daran, dass er den ersten Tweet absetzte. Vielmehr bekleidet er genau zu dem Zeitpunkt den Posten des Twitter-CEO, an dem die naiven gutmenschlichen Überzeugungen der Gründer auf die fanatisierten Bessermenschen der Neuen Weltordnung treffen. Das ist spätestens mit der Wahl von Donald Trump zum US-Präsidenten der Fall. Ein Ereignis, das, ginge es nach den Betreibern der großen sozialen Medien, als historische Anomalie zu betrachten ist und das es wieder rückgängig zu machen gilt. Insbesondere wenn man der Twitter-Führung glauben will.

An dieser Stelle wollen und müssen wir eines unserer Urteile aus unserem Buch *Gesundheitsdiktatur – Bill Gates' Angriff auf die Demokratie* revidieren, denn wir haben Dorsey darin als bunten Naivling charakterisiert. Dieses Urteil können wir aufgrund der Twitter Files nicht länger aufrechterhalten. Wie wir noch sehen werden, entwickelt sich Dorsey in den Tagen zwischen dem 6. und 8. Januar 2021, also der Zeit zwischen dem Sturm auf das Kapitol und der Sperrung von Donald Trumps Twitter-Konto, zu einer tragischen Figur. Verzweifelt klammert er sich an die letzten Überbleibsel demokratischer Gesinnung und versucht, das Schlimmste zu verhindern. Dass er sich am Ende nicht durchsetzt und sich den Wünschen der Vertreter des bunten Totalitarismus beugt, ja mehr noch, als gebrochener Mann eine Konkurrenz zu dem von ihm gegründeten Unternehmen aufzubauen versucht, nur um der Bunten Weltordnung gefällig zu sein, das alles ist ihm nicht vorzuwerfen. Schließlich könnte es mittlerweile jeden von uns treffen. Weitaus mehr zählt Dorseys Versuch, sich den freiheitsfeindlichen Machenschaften seiner Kollegen in den Weg zu stellen.

Was macht Twitter so besonders?

Es sind Barack Obama und sein Wahlkampfteam, die erstmals die sozialen Medien und hier insbesondere Twitter für sich und ihre Botschaft »Yes, we can!« zu nutzen wissen. Obama ist damit seinen Konkurrenten John McCain und Mitt Romney haushoch überlegen, was sich wiederum in den Kantersiegen des demokratischen Präsident-schaftskandidaten niederschlägt.

2016 ist es damit allerdings vorbei. Die Republikaner haben nicht nur aufgeholt, sondern Donald Trump, Volkstribun reinsten Wassers, stiehlt darüber hinaus den Erfindern des Onlinewahlkampfes die Schau. Seine Tweets, unredigiert durch die Pressestelle und Scharen an Kommunikationsberatern auf die Welt losgelassen, erregen weltweit Aufsehen. Die einen jubeln ihm zu, weil sie glauben, endlich spreche mal einer ihre Sprache. Die anderen empören sich lautstark über die neuesten vulgären Entgleisungen eines geistesschwachen Anwärters auf die US-Präsidentschaft und dann eines nicht weniger wahnsinnigen US-Präsidenten. Doch ganz gleich, wie man sich zu dem Republikaner positioniert, fest steht: Das Phänomen Trump ist der Schauplatz des bedeutendsten Kulturkrieges unserer Zeit. Und ausgefochten wird er vor allem auf Twitter, wobei der Kurznachrichtendienst nicht nur als neutrales Schlachtfeld in Form einer ebensolchen Kommunikations- und Nachrichtenplattform dient. Vielmehr ist die Unternehmensführung mittlerweile Partei; sie hat sich ideologisch festgelegt, und zwar zugunsten der Neuen Weltordnung.

Dies ist ein demokratiepolitisch unerhörter und in vielerlei Hinsicht höchst problematischer Vorgang. Warum, wird deutlich, wenn wir uns den Stellenwert Twitters in der weltweiten Kommunikation vor Augen halten. Der Kurznachrichtendienst gilt unter berufenen Stellen als das wichtigste soziale Netzwerk der Gegenwart. Freilich nicht aufgrund der Nutzerzahlen. Twitter rangiert für das Jahr 2022 nur an 14. Stelle in einem diesbezüglichen Ranking der sozialen Medien. Allerdings verfügt der Dienst über verschiedene Eigenschaften und Fähigkeiten, die ihn weit über seine unmittelbare Reichweite hinaus bedeutsam machen. Eine davon haben wir oben bereits angesprochen. Gemeint ist der beschränkte Umfang der Nachrichten auf anfangs

140 und inzwischen 280 Zeichen. Was den Verfasser eines Posts zu radikaler Vereinfachung zwingt, gestattet es dem Leser, jeden Tweet auf einen Blick zu lesen. Damit umgeht Twitter sozusagen die Gehirnschranke, die sich gewöhnlich beim gemütlichen Lesen zwischen Emotion und Rationalität stellt. Twitter wirkt damit so direkt wie ein Bild oder ein Video, ist aber sprachlich verfasst. Es ist das perfekte Kommunikationsmittel einer Gesellschaft, die von der Gier nach Aufmerksamkeit geprägt ist, deren Aufmerksamkeitsspanne aber gleichzeitig immer stärker auf die Länge eines YouTube-Clips zusammenschrumpft.[11] Facebook als reichweitenstärkster Anbieter wirkt da mit seinen teilweise seitenlangen Posts wie aus der Zeit gefallen.

Das bringt uns zu einer weiteren, damit verbundenen Besonderheit von Twitter. Die Rede ist von der Unmittelbarkeit des Kurznachrichtendienstes. Meinungen, Fakten und Aussagen treffen in Echtzeit aufeinander, der Strom an emotionalisierenden Tweets zum Weltgeschehen reißt niemals ab. Um eine Ahnung zu bekommen, was damit gemeint ist: Im Dezember 2022 registrieren wir rund 20 000 Tweets pro Sekunde, hochgerechnet sind das mehr als 1 700 000 000 pro Tag![12]

Um in dieser Nachrichtenflut Aufmerksamkeit zu generieren, sind mäßigende und moderate Töne denkbar ungeeignet. Schließlich gilt es, das Feuer der Erregung zu entzünden und am Brennen zu halten, wobei das Paradoxon, welches zeitgleich die Bedeutung Twitters für die Neue Weltordnung unterstreicht, darin besteht, dass die »zwitschernde« Empörungsgemeinde nur verhältnismäßig klein ist und dennoch eine derartige Wirkung ausübt.

In diesem Kontext sei an den »Winnetou«-Skandal erinnert, der hochkocht, als der Ravensburger Verlag den Lizenztitel »Winnetou« im Sommer 2022 vom Markt nimmt. Dazu heißt es seitens der Ver-

lagsführung auf Instagram: »Wir haben die vielen negativen Rückmeldungen zu unserem Buch ›Der junge Häuptling Winnetou‹ verfolgt und wir haben heute entschieden, die Auslieferung der Titel zu stoppen und sie aus dem Programm zu nehmen.«[13] Wie sich kurz darauf herausstellt, handelt es sich bei den »vielen negativen Rückmeldungen«, von denen die Geschäftsleitung schwadroniert, um sage und schreibe 17 Tweets.[14] 17 Tweets reichen mittlerweile aus, dass ein Verlag einen seiner absoluten Erfolgstitel aus seinem Sortiment entfernt. Und dies, obwohl heutzutage jeder klassische Buchverlag, und somit auch Ravensburger, einer düsteren Zukunft entgegensieht. Sehen wir einmal von der gehörigen Portion Untertanengeist ab, der hier gewiss eine Rolle spielt und einem Diederich Heßling[15] alle Ehre gemacht hätte, dann wird deutlich, was es für Unternehmen bedeutet, innerhalb der Twitter-Gemeinde in Misskredit geraten zu können. Für Firmen, die sich dem Verdacht ausgesetzt sehen, trans-, homo-, queer- oder sonst irgendwie feindlich zu sein, kann dies existenzgefährdend sein. Zumindest aber drohen Umsatzeinbußen.

Diese enorme Wirkung, die Twitter in allen Sparten des öffentlichen Lebens – sei es in der Kunst, in der Politik, im Sport oder in der Wirtschaft – entfaltet, rührt daher, dass der Dienst den Stammtisch, den Kirchgang und den Versammlungs- und Marktplatz (Agora) in sich vereint. Oder anders gesagt: Was auf Twitter trendet, bestimmt zunehmend, welche Themen auf welche Art und Weise in der veröffentlichten Meinung diskutiert werden. Teju Cole, Harvard-Professor und Preisträger des Hemingway Foundation PEN Award, fasst diesen Sachverhalt prägnant zusammen: »Twitter ist der wahre Bewusstseinsstrom (der Menschheit).«[16] Damit ist überdies die Macht, um die es der Neuen Weltordnung geht, sehr exakt definiert. Nichts ist wirkmächtiger, als den Bewusstseinsstrom der Menschheit direkt zu beeinflussen.

Kommen wir zum nächsten Punkt, der Twitter von allen anderen sozialen Medien unterscheidet: die Form der Beiträge. Damit ist allerdings nicht die bereits erwähnte Zeichenbeschränkung gemeint. Vielmehr geht es darum, dass es sich um geschriebene Nachrichten handelt und nicht um sprachferne Inhalte wie Videos, Bilder oder Musik. Das mag zunächst banal klingen, ist aber wichtig, um zu verstehen, dass das geschriebene Wort bei Twitter für eine direktere Kommunikation zwischen Sender und Empfänger sorgt als dies bei YouTube, Pinterest oder Instagram der Fall ist.

Wir haben guten Grund anzunehmen, dass diese Fixierung auf das geschriebene Wort Ursache für die direkte Politisierung der Tweets ist. Die Zahlen sprechen jedenfalls dafür. Über ein Drittel aller Tweets sind politischen Inhalts.[17] Um diese Zahl einzuordnen, lohnt ein vergleichender Blick auf die Werte anderer sozialer Medien: Dort stellen Abbildungen von Katzen, Essen oder Geschlechtsorganen die Mehrheit der Nachrichten dar; die Anzahl politischer Posts verbleibt hingegen im einstelligen Prozentbereich. Es ist daher wenig überraschend, wenn Twitter hauptsächlich bei den Eliten aus Wirtschaft, Politik, Kultur und Journalismus eine so große Rolle spielt, die wiederum zur fortschreitenden Politisierung des Mediums beiträgt, und zwar im Sinne der Neuen Weltordnung.

Durch die eindeutige und frühe Parteinahme der Geschäftsführung für den Regenbogentotalitarismus entwickelt sich der Kurznachrichtendienst spätestens seit der Wahl von Donald Trump immer mehr zum Machtinstrument der Bunten und Guten. Wie sehr Twitter bereits zum Verlautbarungsorgan der global Herrschenden geworden ist, hat uns die Coronap(l)andemie vor Augen geführt. Zuverlässig sorgen die Verantwortlichen bei Twitter mit Löschungen und Sperrungen für politische und ideologische Hygiene auf ihrer Kommunikationsplattform. Was bis zu den Twitter Files nur ein Verdacht war, ist seit Dezember 2022 Gewissheit.

Schon zuvor wussten wir allerdings, dass die Beschneidung der freien Rede noch nicht einmal vor dem mächtigsten Menschen der Welt Halt macht, dem US-Präsidenten. Donald Trumps Twitter-Kontosperrung ist ein einmaliger Vorgang, der nur erahnen lässt, welche Mächte im Hintergrund am Werk sein müssen, um den Präsidenten der Vereinigten Staaten derart zu brüskieren. Und dies folgenlos.

Zeitgleich mit der fortschreitenden Ideologisierung und Politisierung der Twitter-Gemeinde können wir jedoch feststellen, dass deren Ideologielastigkeit zu einer zunehmenden Entfremdung von der Lebensrealität der werktätigen Bevölkerung, also vom »einfachen Volk« geführt hat. Also zwischen den auf Twitter versammelten bunten Eliten und jener großen Mehrheit der Menschen, deren Lebenswirklichkeit nicht von sogenannten Hashtags[18] dominiert wird.

Joanne K. Rowling

**»Sprachrohr
einer äußerst
menschenfeindlichen
Bewegung«**

Sibel Schick, im *Tagesspiegel*
vom 21. September 2020

Wie groß der Abstand zwischen den Welten mittlerweile geworden ist und wie feindlich sie sich mitunter gegenüberstehen, mag der Fall der Bestsellerautorin Joanne K. Rowling veranschaulichen. 2018 versieht die Schöpferin des Harry-Potter-Universums einen Tweet, in dem Transgenderfrauen als »Männer in Kleidern« bezeichnet werden, mit einem Like. Was erst einmal harmlos klingt, ist der Startschuss für eine regelrechte Hexenjagd. Umgehend versammelt sich der Twitter-Mob, um Rowling als transfeindlich zu brandmarken, ein Vorwurf, der in der Neuen Weltordnung ähnlich schwer wiegt wie der, ein Rassist oder homophob zu sein. Auf jeden Fall ist er karriereschädigend. Doch das ist nicht alles. Als Rowling in einem Tweet darauf besteht, eine Frau genannt und nicht als »Person, die menstruiert«, angesprochen zu werden[19], eskaliert der Streit. Ausgehend von Twitter, macht der politmediale Komplex auf breiter Front mobil. Die Britin soll als Autorin vernichtet werden. In den Verlautbarungsorganen der Neuen Weltordnung erscheint ihr Name fortan nur noch mit dem Zusatz »umstritten«. Zudem wird zum Boykott der Harry-Potter-Bücher aufgerufen, und die Medien instruieren pflichtschuldig ihre Leserschaft im Umgang mit dem Werk der Verfemten: »Darf man Harry Potter noch gut finden?«[20] Aber das Ganze beschränkt sich nicht nur auf die Bücher der Autorin.

Selbst Firmen in anderen Industriezweigen sind von der Kampagne betroffen. Wie die Boykottaufrufe gegen das Computerspiel *Hogwarts Legacy* demonstrieren, welches auf der Harry-Potter-Saga beruht. Sogar das ZDF sieht sich genötigt, unheilschwanger zu fragen: »Boykottieren oder spielen?«[21]

Abgesehen von einer Unzahl an Morddrohungen, mit der Rowling ihr Haus tapezieren könnte[22], erreicht derweil auf TikTok, einem noch relativ jungen sozialen Medium, die politkorrekte Hetze gegen die Fantasyautorin einen nächsten Höhepunkt. Dort etabliert sich ein Trend, Bücher von J. K. Rowling zu verbrennen[23], was natürlich sehr entlarvend ist für diejenigen, die Rowlings Schriften den Flammen übergeben. Nicht zuletzt, weil Taten mehr als tausend Worte sagen, sodass diejenigen, die im Falle Rowlings aus angeblich antifaschistischer Gesinnung heraus handeln, damit nur das Gegenteil unter Beweis stellen, nämlich einen zutiefst faschistischen Charakter. Es gilt auch hier: Wer Faschisten verbieten will, entpuppt sich selbst als ein solcher. Die beste Antwort auf die Zensurabsichten der Herrschenden gaben und geben indes die Konsumenten. Das Spiel bricht mit rund 12 000 000 verkauften Kopien im ersten Quartal 2023 alle Verkaufsrekorde.[24]

Rowling ist beileibe kein Einzelfall, vielmehr ist sie nur ein sehr prominentes Opfer der bunten Sittenwächter, die auf Twitter jahrelang über eine sichere Basis verfügten, von der aus sie die »Grenzen des Sagbaren« überwachen und immer weiter einengen konnten.

In Deutschland sind es im zweiten Halbjahr 2022 beispielsweise die altgediente Frauenrechtlerin Alice Schwarzer und die Biologin Marie-Luise Vollbrecht, die zur Zielscheibe des staatlich geförderten bunten Mobs werden. Die eine hat sich schuldig gemacht, weil sie das Massenphänomen »Transgender« kritisch hinterfragt hat, wohlgemerkt, ohne die Tatsache anzuzweifeln, dass es Menschen gibt, die im falschen Körper geboren wurden. Aber diese Gruppe ist extrem klein, und ihre Seelenqualen sind nach Ansicht Schwarzers nicht zu vergleichen mit der temporären Orientierungslosigkeit Jugendlicher, die nun die Möglichkeit haben sollen, ihr Geschlecht unumkehrbar zu ändern.[25] Die andere, Marie-Luise Vollbrecht, kommt als Biologin zu dem Schluss, dass es in der Natur nicht mehr als zwei Geschlechter gibt, und will darüber auch noch einen Vortrag halten. Das kann die Bunte Republik nicht zulassen. Entsprechend droht die Antifa mit Gewalt, was für die Berliner Humboldt-Universität Anlass genug ist, Vollbrechts Auftritt abzusagen.[26] Dieser wird zwar nachgeholt, jedoch bleibt der Umstand, dass die Universitäten schamlos vor dem Zeitgeist in die Knie gehen.

Dieser mit Ausnahme des Dritten Reiches einmalige Vorgang in der 1000-jährigen Geschichte der westlichen Bildungsinstitutionen gemahnt an eine biblische Erzählung. Im Buch Daniel wird die Geschichte des babylonischen Kronprinzen Belsazar erzählt, der im Weinrausch heilige jüdische Gefäße entweiht, worauf ihm Gott das sprichwörtliche Menetekel an die Wand schreibt: »Du wurdest gewogen und für zu leicht befunden.« Nichts anderes ist hier mit Blick auf die Berliner Hochschule geschehen.

Rowling, Schwarzer und Vollbrecht werden in den bunten, moralisch besseren Kreisen gerne TERFs genannt. Das Akronym steht für Trans-Exclusionary Radical Feminism, zu Deutsch: Trans-ausschließender radikaler Feminismus, wird aber auch auf die Gegnerinnen dieser Ideologie angewendet. Das Ausmaß der Verachtung, die in diesem Begriff steckt, ist umso beachtlicher, als er von Menschen verwendet wird, die sonst auf die penibelste Einhaltung von Höflichkeits- und Umgangsregeln Wert legen. Das geht so weit, dass, wenn es nach ihnen ginge, jeder Mensch zur Begrüßung nach seinem bevorzugten Pronomen gefragt werden soll, um ihn nicht unabsichtlich zu beleidigen. Vorausgesetzt allerdings, es handelt sich nicht um Andersdenkende und Andersmeinende. Dann ist keine Beleidigung zu drastisch, kein Vorwurf zu ehrabschneidend, um ihn dem Gegenüber nicht entgegenzuschleudern. Den Vogel diesbezüglich schießt der Hofnarr der Neuen Weltordnung, der öffentlich-rechtliche Komiker Jan Böhmermann ab. In seiner in bunten Kreisen überaus beliebten ZDF-Hofberichtscomedy *Neo Royale* von Anfang Dezember 2022 stellt er Frauen wie Schwarzer, Vollbrecht oder auch Beatrix von Storch als TERFs vor und setzt sie anschließend mit TURDs gleich, dem englischen Wort für Scheißhaufen.[27] Wäre man bösartig, man könnte, ausgehend von einer englischen Studie, glatt annehmen, bei Böhmermann handele es sich um das humane Gegenstück eines in die Enge getriebenen Affen, der Menschen mit Kot bewirft.[28] In welchem Umfang dies geschieht, davon zeugen die mehr als 25 800 Tweets, die Böhmermann in den letzten 10 Jahren abgesetzt hat.[29]

Wir können also zusammenfassend festhalten: Bei Twitter handelt es sich um eine Plattform, auf der Emotion, Unmittelbarkeit und Politik zusammenwirken. Kein Wunder, dass auf diesem Schlachtfeld die großen Auseinandersetzungen unserer Zeit stattfinden. Und kein Wunder, dass dieser Kampfplatz selbst zum Spielball der Mächte wird, schließlich gewinnt der Beherrscher des Schlachtfeldes in der Regel die Schlacht und damit den Krieg.

Feindliche Übernahme

Am 31. Januar 2022 beginnt Elon Musk, in großem Umfang Twitter-Aktien zu kaufen. Damit niemand auf dem Börsenparkett, in der Twitter-Führungsetage oder den angeschlossenen Interessengruppen etwas davon mitbekommt, geschieht dies, wie üblich bei feindlichen Übernahmen, noch unter dem Mantel der Geheimhaltung.

Ende März 2022 wagt sich Musk erstmals aus der Deckung. Ab dem 25. März registrieren wir den ersten kritischen Tweet seinerseits zu den Zuständen auf dem Kurznachrichtendienst. Inhalt: Die Bedeutung der Meinungsfreiheit für eine funktionierende Demokratie.[30]

Am 4. April offenbart er schließlich seine Übernahmeabsichten, indem er bekannt gibt, über 9,2 Prozent der Twitter-Aktien zu verfügen, das entspricht einem Marktwert von 2 640 000 000 US-Dollar. Einen Tag später wendet sich die Twitter-Geschäftsführung an Musk und bietet ihm einen Sitz im Company Board, vergleichbar einem Vorstandsposten, an. Diesen lehnt Musk weitere 6 Tage darauf, am 11. April, ab, nur um am 14. April den Anteilseignern von Twitter ein Angebot über 54,20 US-Dollar pro Aktie zu unterbreiten.[31] Zum Vergleich: Tags zuvor, am 13. April, stand der Kurswert der Twitter-Aktie bei 44,65 US-Dollar.[32]

Von nun an entspinnt sich vor den Augen einer zunehmend emotionalisierten Weltöffentlichkeit ein rund 6-monatiger Kleinkrieg. In dessen Verlauf wird deutlich, wie verhärtet die Fronten zwischen der alten freiheitlichen und der neuen bunt-totalitären Weltordnung mittlerweile sind. Die einen sehen in dem gebürtigen Südafrikaner einen Heilsbringer der Meinungsfreiheit und Rechtsstaatlichkeit, die anderen den Gottseibeiuns schlechthin, der die »Grenzen des Sagbaren« zuungunsten der veröffentlichten Meinung zu verschieben droht.

Wir werden im Verlauf dieses Buches noch des Öfteren auf diese Befürchtung der Apologeten der Neuen Weltordnung treffen. Vorgebracht wird sie zumeist unter einer nachdenklich gekräuselten Stirn, die echte Besorgnis über den Zustand der Demokratie signalisieren soll. Tatsächlich aber kann sie nicht über die dahinterstehende zutiefst freiheitsfeindliche Gesinnung hinwegtäuschen. Das wird bereits daran deutlich, dass ausgerechnet diejenigen, die unter dem Schlachtruf »No borders, no nations!« nicht müde werden, Grenzen aufzulösen, plötzlich ebensolche fordern, wenn es um die freie Rede geht. Hinzu kommt: Wer Grenzen sagt, darf zu Grenzschutz nicht schweigen. Und wie dieser aussehen soll, demonstrieren die Twitter Files. Nur so viel vorweg: Es macht den Eindruck, als wollten die bunten Grenzschützer des Sagbaren einen neuen antifaschistischen Schutzwall errichten, samt Wachanlagen und Mauerschützen.

Auf die Twitter-Übernahme durch Elon Musk zurückkommend, können wir feststellen, dass es am Nachmittag des 27. Oktobers so weit ist. Nach monatelangem Gezerre und Widerstand seitens der Twitter-Führung und ihrer Gesinnungsgenossen ist die Übernahmeschlacht geschlagen. Elon Musk verkündet via Twitter: »The bird is freed!«

Damit inszeniert sich der Techunternehmer als Vorkämpfer der Meinungsfreiheit. Und gewiss gehört er zu jenen Zeitgenossen, die nicht länger bereit sind, die bunte, totalitäre Zeitgeisterziehung hinzunehmen. Ist ihm das aber letztendlich mehr als 40 000 000 000 US-Dollar wert? Oder gibt es vielleicht noch andere Motive für den Kauf des Kurznachrichtendienstes? Einer Selbstaussage von Musk zufolge plant er mit dem Erwerb von Twitter auch, eine Universal-Anwendungssoftware auf den Markt zu bringen[33]. Gemeint ist eine multifunktionale App, die alle Interessen und Bedürfnisse des Users unter einem Dach vereint. In Asien existieren derlei Apps bereits seit Längerem. Die eine ist unter den Namen KakaoTalk beziehungsweise KakaoPay bei über 90 Prozent der Südkoreaner im Gebrauch.[34] Die andere ist die chinesische Plattform WeChat[35], ein Dienst, der sämtliche digitalen Services abdeckt, wie etwa Mobile Payment, Banking, Onlineshopping, Terminplanung oder Taxi- und Essensbestellungen.

Da WeChat alle Daten direkt an die chinesische Regierung weitergibt, ist die App Grundlage des chinesischen Sozialkreditsystems. Den Plan von Elon Musk sollte man daher aufmerksam verfolgen, da hier ungeahntes Potenzial zur Einflussnahme auf das Individuum besteht.

Eine andere mögliche Interpretation des Übernahmeversuchs besteht darin, in dem 6-monatigen Verhandlungshickhack bloß ein Täuschungsmanöver zu sehen. Danach soll Musk vor allem daran interessiert gewesen sein, 8 500 000 000 US-Dollar an Tesla-Aktien an der Börsenaufsicht vorbei zu verkaufen.[36] Alles andere sei Nebengeräusch gewesen. Was aber ist das für ein Mann, dem *Business Insider* eine solche strategische Tiefe zutraut?

Wer ist Elon Musk?

Geboren wird Elon Musk am 28. Juni 1971 in Pretoria, Südafrika. Kindheit und Jugend sind alles andere als ein Zuckerschlecken für ihn. 1980, er ist 9 Jahre alt, trennen sich die Eltern. Gemeinsam mit seinen beiden jüngeren Geschwistern wächst er in den folgenden Jahren bei seinem Vater, einem Maschinenbauingenieur, auf. In der Schule wird er aufs Übelste gemobbt. So stößt ihn eine Gruppe von Jungs eine Treppe hinunter und prügelt ihn anschließend krankenhausreif. Er selbst sagt über jene Zeit: »In der Schule wurde ich von Gangs gejagt, die die Scheiße aus mir herausprügeln wollten, und wenn ich dann nach Hause kam, war es dort genauso schrecklich. Es war Nonstop-Terror.«[37]

Bücher ermöglichen dem Jungen die Flucht aus diesem tristen Alltag. Er liest, was ihm unter die Finger kommt, und saugt das darin enthaltene Wissen geradezu auf. Allerdings bleibt es nicht dabei. Er wendet

Elon Musk

>>Das Unmögliche
zu tun, macht Spaß.<<

Walt Disney

es auch an. Und zwar in einer Art und Weise, wie man es von dem Mitbegründer von PayPal und dem Gründer von SpaceX erwartet. Mit 12 Jahren programmiert er bereits ein Computerspiel. Außerdem experimentiert er gemeinsam mit seinem Bruder und seinen Cousins mit Salpeter, Schwefel und Holzkohle herum. Ziel ist es, einen Treibstoff für Modellraketen zu entwickeln.

Noch in Südafrika erlangt Musk die Hochschulreife, wandert dann aber, um dem Wehrdienst im Apartheidstaat zu entgehen, mit gerade einmal 18 Jahren nach Kanada aus. Dort arbeitet er zunächst auf einer Farm in der Provinz Saskatchewan. Von da aus zieht es ihn nach British Columbia, wo er an der Motorsäge das Leben eines echten Lumberjacks (Holzfällers) führt. Damit nicht genug, ist die letzte Station vor Beginn seines Studiums schließlich ein Sägewerk, in dem er als Kesselreiniger schuftet.[38]

Hätten wir es mit einem Film zu tun, dann wäre dies der Lebenslauf eines verkappten Genies, das durch eine Schicksalsfügung sein Talent erkennt und etwas daraus macht. In der Realität können wir bei Elon

Musk zwar ausweislich seines geschätzten IQs von 155 Punkten[39] von einem Genie sprechen, jedoch fehlt das auslösende Moment, jener Fingerzeig des Schicksals, der ihn auf die Erfolgsspur setzt.

Erst im Sommer 1990 gelingt es ihm, an der Queen's University in Ontario einen Studienplatz zu ergattern. Die Vereinigten Staaten selbst werden erst ab 1992 seine Heimat, als er in Pennsylvania zu studieren beginnt und 1995 seine Studien in Physik und Ökonomie zum Abschluss bringt.

Obwohl er einen Platz in einem Doktoratsstudiengang an der renommierten Stanford University erringt, entscheidet er sich 2 Tage nach der Zulassung zu ebendiesem Studiengang dafür, in die Privatwirtschaft zu gehen. Der Internethype der späten 1990er-Jahre kündigt sich gerade an, und Musk erkennt als einer der Ersten das ungeahnte Potenzial der neuen Technologien. Doch er erkennt es nicht nur, er ist auch einer der ganz wenigen, die im neuen Markt tatsächlich reüssieren können. Er lebt in dieser Zeit in seinem 36 Quadratmeter großen Büro. 4 Jahre später, 1999, wird sein erstes Start-up, Zip2, eine Art Geomarketingtool, verkauft. Musk erhält für seine 7 Prozent Anteile etwa 22 000 000 US-Dollar:[40] »Dies war der größte Betrag, der bis dahin jemals an ein Internetunternehmen gezahlt worden war.«[41]

Wie die Zukunft zeigen wird, handelt es sich bei dem Erfolg mit Zip2 um keine Eintagsfliege. Vielmehr besitzt Elon Musk Ehrgeiz und Weitblick. Das heißt, es geht bei seinen Aktivitäten nicht bloß um die Anhäufung von noch mehr Dollars. Stattdessen ist die positive Veränderung der Welt sein Ziel. Das mag pathetisch und großspurig klingen, doch im Falle von Musk haben diese Worte ihre Berechtigung. Darauf deutet jedenfalls der Umstand hin, dass er unter anderem Klaus Schwabs Einladung zum WEF-Treffen in Davos ausschlägt und sein Handeln mit den Worten erklärt: »Because it sounded boring as fuck.«[42] Die ganze Veranstaltung erschien ihm also stinklangweilig und offenbar wenig zielführend.

Aus diesem vernichtenden Urteil über die jährliche Vollversammlung der Priesterschaft der kalifornischen Ideologie spricht des pragmatischen Machers Verachtung für Politik und Ideologie. Statt nebulösen Absichtserklärungen und sinistren Hinterzimmermachenschaften erläutert er stets konkret seine Ziele und tut alles in seiner Macht Stehende dafür, diese auch umzusetzen. Ausweis dafür sind die großen Themenkomplexe, denen er sich widmet, und zwar nicht nur theoretisch, sondern auch indem er sie ganz konkret anpackt. Beispiel Elektroautos: Als alle Welt noch darüber diskutiert, ob und wann E-Autos eine realistische Alternative zu Verbrennern sein könnten, bringt Musk mit Tesla die ersten serienreifen Elektrofahrzeuge auf den Markt. Und das mit Erfolg. Im Herbst 2022 ist der Tesla-SUV der meistverkaufte Stadtgeländewagen in Europa.[43] Das E-Auto ist für Musk aber »nur« ein Mittel, um das Problem der Herstellung von Lithiumbatterien so zu lösen, dass die Technologie massentauglich und finanziell erfolgreich verwendet werden kann, was wiederum Rückwirkungen auf sein Raumfahrtprogramm SpaceX hat. So gesehen ist Tesla auch nur ein Teil der Raketenentwicklung.

Aber auch damit ist noch nicht das Ende von Musks Vision erreicht. Denn ihm geht es nicht allein um die Kommerzialisierung der Raumfahrt im Sinne einer gewinnbringenden Kosten-Nutzen-Rechnung. Dies ist nur der, man könnte sagen, Kollateralnutzen einer viel tiefer gehenden Idee. Um das zu verstehen, müssen wir wissen, dass Musk durchdrungen ist von der Vorstellung einer Zivilisation, die fürs Erste das gesamte Sonnensystem umspannt. Am besten lassen wir den Mann selbst zu Wort kommen: »Man will in der Früh aufwachen und sich denken, dass die Zukunft großartig wird – und darum geht es bei dem Begriff einer raumfahrenden Zivilisation.«[44] Für Musk stellt das Ende unseres Sonnensystems ein ernstes Problem dar, egal, wie viele Milliarden Jahre dieser Zeitpunkt noch in der Zukunft liegt. Er formuliert es so: »Wenn die Sonne eines Tages expandiert und die Erde nicht länger bewohnbar sein wird, können wir in einem Raumschiff zu einem neuen Zuhause fliegen. Wenn Menschen in der Lage sind, andere Planeten zu bevölkern, bedeutet dies, dass wir einen der großen Tests des Universums bestanden haben, dann werden wir interplanetare Bürger sein, und die menschliche Zivilisation wäre imstande weiterzubestehen.«[45]

Also treibt er die Entwicklung in dieser Richtung voran. Wir haben die Kommerzialisierung der Raumfahrt bereits angesprochen, die ein Ergebnis seiner Zukunftsidee ist. In diesem Zusammenhang ist es bemerkenswert, dass das Ziel des Raumfahrtprogramms aufs Engste mit seinen Überlegungen zum Thema grüne Energie verbunden ist. Nicht nur, was Energiegewinnung, sondern auch, was Energiespeicherung anbetrifft. Für ihn mit seiner Kompetenz als Physiker und Ingenieur ist klar, dass diese beiden Problemfelder bestimmen werden, ob und wie die Menschheit die Energie- und Klimakrise zu meistern imstande sein wird.

Unterdessen hören wir von den bunten Eliten und ihren Marketingabteilungen nur kindlich-naive Vorschläge zu diesem Thema, die zudem noch den Geist des Totalitären atmen. Da empfiehlt die österreichische Umweltministerin Leonore Gewessler, beim Kochen den Deckel auf dem Topf zu belassen[46], und der grüne Ministerpräsident von Baden-Württemberg, Winfried Kretschmann, schwadroniert davon, dass der Waschlappen[47] eine gute Erfindung sei, und empfiehlt den Bürgern darüber hinaus, die Heizung herunterzudrehen, bevor man zu Bett geht.[48]

Musk, der im tiefsten Herzen Ingenieur und Praktiker geblieben ist, sucht nach anwendbaren und handhabbaren Technologien, die sich zwecks Bedürfnisbefriedigung gewinnbringend anwenden lassen. Substanzloses Palaver verändere nichts, wirtschaftlicher Erfolg sei hingegen die Grundlage von allem. Das gilt umso mehr für Unternehmungen, die die Besiedelung und letztlich Eroberung des Weltalls durch den Menschen zum Ziel haben. Schließlich will Elon Musk auf dem Mars sterben, bloß halt nicht bei der Landung.[49]

Doch wie immer gilt auch bei Elon Musk: Wo viel Licht ist, ist auch Schatten. So ist Musk über den Bedarf von Tesla an Batterien aufs Engste mit der KP Chinas und ihrer Wirtschaftspolitik verbunden.[50] Das könnte ihn in Zukunft noch in Bedrängnis bringen. Aber Tesla ist nicht nur die Grundlage für sein Raumfahrtprogramm, sondern darüber hinaus auch Basis für seine Bestrebungen im Feld der Interaktion von Technologie, künstlicher Intelligenz (KI) und Mensch. Dementsprechend beschäftigt sich ein Forschungszweig bei Tesla mit dem selbstfahrenden Auto, das in weiterer Folge zu autonomen, von künstlicher Intelligenz gesteuerten Robotern führen und schließlich in den Neurolink münden soll – die Schnittstelle zur künstlichen Intelligenz im menschlichen Gehirn. Mit anderen Worten: Hier geht es um Transhumanismus, den Versuch also, Mensch und Maschine unauflöslich miteinander zu verbinden. Das freiheitsfeindliche Potenzial dieser Ideologie ist offensichtlich, denn wenn sich das Gehirn direkt mit Maschinen verbinden lässt, können Dritte über Maschinen auch auf diese Gehirne zugreifen. Es wäre das Ende des Menschen, so wie ihn die Natur hervorgebracht hat.

An dieser Stelle scheint Musks Technikgläubigkeit ihn in die Irre zu führen, oder aber er hat die drohenden Gefahren bis jetzt noch nicht ausgiebig genug bedacht – beides kann und muss man ihm zweifelsohne ankreiden. Gleichwohl ist es ihm hoch anzurechnen, dass er

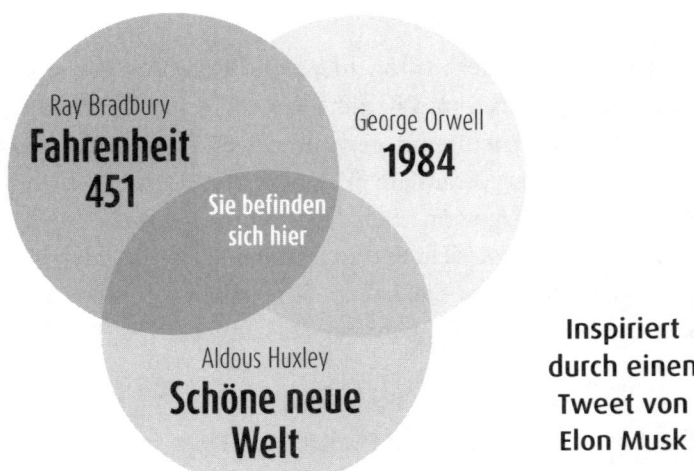

Ray Bradbury
Fahrenheit
451

George Orwell
1984

Sie befinden
sich hier

Aldous Huxley
Schöne neue
Welt

Inspiriert
durch einen
Tweet von
Elon Musk

sich eindeutig gegen die lebensverlängernde Forschung ausspricht, die andere Multimilliardäre wie Jeff Bezos oder Peter Thiel mit enormem Aufwand betreiben. Musk sieht das Problem der Unsterblichkeitsforschung, das auch einen Teil des Transhumanismus darstellt, sehr klar: »Die Wahrheit ist, Menschen ändern ihre Meinung nicht, sie sterben bloß. Wenn wir also nicht mehr sterben, bleiben wir unseren alten Ideen verhaftet, und die Gesellschaft würde sich nicht mehr weiterentwickeln.«[51]

Diese starke Betonung des kreativen, schöpferischen Potenzials der Menschheit, die immer weiter strebt – und er scheut sich nicht, dafür den Begriff Fortschritt zu verwenden –, macht Musk zum Gegenspieler der Verwalter der Neuen Weltordnung. Das ist ihm bewusst, und er genießt diese Tatsache sichtlich. Immer wieder provoziert er die geistlosen Systemameisen, sowohl sprachlich wie schriftlich.

Hierin ist letztendlich auch sein Engagement bei Twitter zu erklären, davon zeugt der schon erwähnte erste Tweet als neuer Mehrheitseigentümer von Twitter: »The bird is freed!« (»Der Vogel ist befreit!«), was nichts anderes bedeutet, als dass das Meinungsdiktat der Twitter-Mitarbeiter ein Ende hat. Der Vogel ist befreit – das ist das Bekenntnis und die Rückkehr zu einer Meinungsfreiheit, wie sie Twitter einmal repräsentiert hat und die den bunten Tyrannen der Gegenwart ein Dorn im Auge ist.

Von diesem Tweet ist es nicht mehr weit bis zur Ankündigung, die jüngste Firmengeschichte von Twitter in Form der »Twitter Files« aufzuarbeiten. Der Schwerpunkt soll dabei auf der Informationslenkung und Meinungsmanipulation auf Twitter durch Twitter liegen. Die Ankündigung der Veröffentlichung erfolgt am 28. November 2022, die Veröffentlichung derselben beginnt am 2. Dezember 2022.[52] Und sie hält bis zum Zeitpunkt, an dem dieses Buch entsteht, an.

Die Twitter Files

Damit sind wir beim eigentlichen Kern dieses Buches angekommen, den Twitter Files.

Mit Blick auf die Nachrichtenflut, welche die Nutzer der sozialen Medien Tag für Tag produzieren, scheinen sie zunächst nur eine Marginalie zu sein, selbst auf Twitter, wo täglich mehr als anderthalb Milliarden Tweets verfasst und gepostet werden. Doch weit gefehlt. Die Bedeutung der Dokumente ist zentral für das Verständnis nicht nur der Vorgänge hinter den Kulissen der sozialen Medien, sondern vielmehr für das Ineinandergreifen der Rädchen innerhalb der heutigen »Social Mediocratie«.

Herausforderungen

Gleichwohl stellt sich bei der Auswertung der Twitter Files so manche Herausforderung. Die eine besteht darin, aus all den privaten, halb privaten und vor allem nur die USA betreffenden Nachrichten die Essenz herauszufiltern, die uns allgemeingültige Aussagen treffen lässt. Deshalb haben wir bei der folgenden Betrachtung der Twitter Files eine Form der Wertung beziehungsweise Priorisierung vornehmen müssen. Das bedeutet, dass wir unser Augenmerk vor allem auf die Enthüllungen richten werden, die einerseits für uns in der Mitte Europas von Bedeutung sind und andererseits helfen, die Mechanismen hinter der Propaganda der Neuen Weltordnung zu verstehen.

Die zweite Herausforderung liegt in der Form. Die Twitter Files sind keine Akten im herkömmlichen Sinn. Sie bestehen nicht aus einem zusammenhängenden Fließtext, den man einem Aufsatz gleich durchlesen und analysieren könnte. Stattdessen handelt es sich um eine Aneinanderreihung von Tweets – manchmal sind es nur sieben, ein andermal weit mehr als fünfzig –, die jeder für sich eine Aussage enthält.

Man könnte sagen, dass wir es bei jedem einzelnen File mit einer Kette aus Postings zu tun haben, bei der jede Nachricht eine aufgefädelte Perle darstellt. Das macht es für den Ungeübten allerdings mühsam, wenn nicht gar unmöglich, die Perlenschnüre in ihrer Gesamtheit zu überblicken. Und selbst Geübte tun sich schwer, die Kerninhalte in vollem Umfang ihrer Tragweite zu erkennen. Und dabei sind die eigentümlichen Ausdrücke von Kommunikationsgewohnheiten sowie der private Charakter der Enthüllungen noch nicht einmal erwähnt. Und schließlich setzen die Urheber viel Vorwissen voraus, weshalb gewisse Zusammenhänge und Folgen unerklärt bleiben. Eine Hürde vor allem für diejenigen Leser, die nicht mit der US-amerikanischen Innenpolitik vertraut sind.

Über diese Problematiken kann der Leser schnell den Gesamtüberblick verlieren und wendet sich gelangweilt ab. Für uns bedeutet dies, dass wir einen Pfad zu bahnen haben durch einen Dschungel, der auch viel Irrelevantes und Belangloses enthält. Um durch vorsichtiges und sachkundiges Einbetten in Gesamtkontexte einen fundierten Überblick zu ermöglichen, der es jedem Einzelnen gestattet, die Vorgänge für sich selbst zu bewerten.

Die dritte Herausforderung besteht darin, dass wir – wie schon in unserem Buch *The Great Reset: Der Angriff auf Demokratie, Nationalstaat und bürgerliche Gesellschaft* – auch diesmal im übertragenen Sinn am pulsierenden Gehirn der Menschheit operieren. Während wir am vorliegenden Buch arbeiten, sind die ersten fünfzehn Files erschienen. Damit ist aber voraussichtlich nicht das Ende der Enthüllungen erreicht. Der Veröffentlichungsprozess geht also weiter. Wie lange, ist noch nicht abzusehen.

Dass wir uns dennoch imstande sehen, hinsichtlich der Twitter Files zu einem Urteil zu gelangen, liegt in erster Linie daran, dass die ersten fünfzehn Tranchen bereits alles beinhalten, was wir über die Vorgehensweise der Vertreter der Neuen Weltordnung hinsichtlich der Informationslenkung und Meinungsmanipulationen wissen müssen. Das heißt: Es wird bereits jetzt ein System deutlich, das sich auf alle Politikfelder – von der Migration über das Klima bis hin zu Corona – anwenden lässt.

Die Autoren

Bevor wir uns den Twitter Files zuwenden, wollen wir unseren Blick auf das von Elon Musk beauftragte Autorenteam lenken.

Da wäre als Erster Matt Taibbi zu nennen, eine schillernde Gestalt im Medienzirkus der USA. Am 2. März 1970 geboren, verlebt er seine Kindheit in einem Vorort von Boston. Anfang der 1990er-Jahre nimmt dann eine Vita ihren Lauf, wie sie bereits auf dem Papier abenteuerlicher kaum sein könnte. Taibbi studiert unter anderem ein Jahr in St. Petersburg, später zieht es ihn nach Moskau. Es folgt eine Ausweisung aus Usbekistan, sodann eine Profisportkarriere in Russland und der Mongolei. Währenddessen und danach schließt er sich der schreibenden Zunft an und ist als Freelancer für Magazine und Zeitungen wie *The Beast*, *The Nation*, *Playboy* und *Rolling Stone* tätig.[53] Als investigativer Journalist macht er sich im Rahmen der Finanzkrise 2008 einen Namen mit einer Anzahl von Artikeln, in denen er harsche Kritik übt an Vetternwirtschaft, moralischer Verkommenheit, Betrug und grenzenloser Gier innerhalb der Finanzindustrie.

Matt Taibbi

Angesichts dessen überrascht es nicht, dass Taibbi jahrelang größten Zuspruch in den Kreisen der Neuen Weltordnung erntet. Schließlich sind es die ureigenen Themenfelder der moralisch besseren Menschen, die er

»Journalismus ist der Schutz der Menschen vor jeder Form des Totalitarismus.«

Andrew Vachss

beackert: Wahrheit und Gerechtigkeit. Deshalb wird er in den Augen der amerikanischen Öffentlichkeit als Nachfolger von Bob Woodward[54] und Hunter S. Thompson[55], dem vielleicht bedeutendsten Journalisten des 20. Jahrhunderts, gehandelt.[56]

Das ändert sich schlagartig, als er von Elon Musk mit der hochsensiblen Arbeit an dem beauftragt wird was wir heute die Twitter Files nennen. Vor allem seine Journalistenkollegen geizen nicht mit Schmähkritik und persönlichen Verunglimpfungen. Es wird ihm vorgeworfen Werbung für den reichsten Mann der Welt zu machen, sich freiwillig in den Dienst eines rechtsextremen Menschenfeindes zu stellen, so den Faschismus zu befördern und damit auch noch unerhört viel Geld zu verdienen. Manch einer glaubt sogar ganz unironisch, Taibbi habe seine Seele verkauft.[57] Dahinter steckt die Furcht vor einem Unternehmer, der durch seinen Erfolg vom Wohlwollen des politmedialen Komplexes unabhängig und damit unkontrollierbar geworden ist. Dies umso mehr, da Musk sich nicht scheut, die so gewonnene Freiheit auch für sich in Anspruch zu nehmen.

Die Reaktionen bleiben indes nicht nur auf die USA beschränkt. So zeigt das Beispiel eines *Tagesschau*-Kommentars von Patrick Gensing die panische Angst dieser Leute, die sich Journalisten nennen, vor dem Menschenrecht Meinungsfreiheit. Gensing ist einer der versiertesten Vorkämpfer für ein buntes Deutschland. Er sieht, offenbar nicht wissend, was er da eigentlich von sich gibt, nichts anderes als eine Bedrohung in Elon Musks Twitter-Kauf und entblödet sich nicht, mit der Formulierung »die sehr weitgehende Auslegung des Begriffes der Meinungsfreiheit« ein wahres Schreckgespenst für seine indoktrinierte Leserschaft heraufzubeschwören.[58] Man stelle sich vor: ein Journalist, der Angst davor hat, es könne ein Zuviel an Meinungsfreiheit geben. Noch im 20. Jahrhundert wäre eine solche Haltung nur von Nazi- und Sowjetjournalisten an den Tag gelegt worden.

Bari Weiss

»Journalismus ist
in der Tat
Geschichte im Jetzt.«

Thomas Griffith

Taibbi gibt auf die Verleumdungen die einzige Antwort, die seinem
Kaliber entspricht, und schreibt: Er freue sich schon darauf herauszufinden, wer unter seinen Kritikern Artikel für das Pentagon, das
FBI oder das Weiße Haus verfasst habe, ohne die jeweiligen Auftraggeber überhaupt öffentlich zu machen. Danach kommen die niederträchtigen Anwürfe überraschend schnell zum Erliegen.[59]

Damit kommen wir zur zweiten maßgeblichen Autorin der Twitter
Files: Bari Weiss. Die Journalistin ist ein Kind der US-amerikanischen Ostküste, wo sie am 25. März 1984 in Pittsburgh, Pennsylvania, das Licht der Welt erblickt. Sie und ihre vier Schwestern haben
es gut getroffen: Ihre Eltern, die früheren Besitzer des Einrichtungshauses Weisshouse, ermöglichen den Mädchen eine Kindheit im beschaulichen Squirrel-Hill-Viertel der US-amerikanischen Stahlmetropole. Ruhig und beschaulich soll das Leben von Bari Weiss freilich
nicht lange bleiben. Nach der Highschool geht sie nach Israel, wo sie
in Jerusalem studiert und gleichzeitig am Aufbau einer Klinik für
Beduinen in der Negevwüste mitarbeitet. Zurück in den USA, gründet sie, die 2007 an der Columbia University ihr Studium abschließt,
eine Hilfsorganisation für die Menschen im Sudan, genauer gesagt in
Darfur, einer Elendsregion, die damals für kurze Zeit im Fokus der
Weltöffentlichkeit steht.

Neben den Hilfsprogrammen für Opfer von Krieg und Gewalt setzt sich Bari Weiss zum einen für Israel und dessen Existenzrecht ein, zum anderen ist ihr die Meinungsfreiheit ein unbedingtes Anliegen. Dies zeigen jedenfalls ihre diversen Texte, Engagements und Konflikte, in die sie verwickelt ist. In der Regel sind die Anwürfe, denen sie sich ausgesetzt sieht, antisemitisch konnotiert; als Aktivistin für die Belange Israels kann es heutzutage fast gar nicht mehr anders sein. Jedenfalls führt sie ihr Karriereweg in die Redaktionen verschiedener global beachteter Medienhäuser. Innerhalb eines Jahrzehnts schafft sie von *Haaretz* über *Tablet* und das *Wallstreet Journal* den Aufstieg auf den Olymp des US-amerikanischen Zeitungsmarktes: zur *New York Times*, für die sie ab 2017 tätig ist.

Doch dann geschieht das Unerwartete. Auf dem Höhepunkt ihrer Karriere verlässt sie die einflussreichste überregionale Tageszeitung der USA aus freien Stücken, da sie nicht bereit ist, auch nur ein Jota von ihren Überzeugungen abzuweichen. Diese kompromisslose Integrität, Markenzeichen eines jeden Weltklassejournalisten, dürfte auch ausschlaggebend für Musks Entscheidung gewesen sein, Bari Weiss mit der Arbeit an den hochsensiblen Twitter Files zu beauftragen. In ihrem Schreiben anlässlich des Rücktritts von der *New York Times* vom Juli 2020 zeigt die Journalistin klar auf, wofür sie steht.

Die *New York Times*, die bis zum Moment des Wahlsieges von Donald Trump Hillary Clinton als Wahlsiegerin sah, erlebt in dieser historischen Situation einen Moment der reflexiven Klarheit, denn man hätte den Meinungspool der Autoren vielfältiger gestalten müssen, um ähnlich peinliche Missgeschicke in Zukunft zu vermeiden. Hier kommt Weiss ins Spiel. Sie schreibt: »Aber die Lehren, die aus der Wahl hätten gezogen werden müssen, wurden nicht gelernt. Stattdessen hielt in der Presse ein neuer Konsens Einzug: Wahrheit ist kein Prozess des kollektiven Entdeckens mehr, sondern eine Orthodoxie, welche von ein paar wenigen Erleuchteten von vornherein gewusst wird, deren Job es ist, alle anderen darüber zu informieren.«[60] Eine solche Einstellung ist mit ihrem Berufsethos unvereinbar, daher tritt Weiss zurück. Schon im Juli 2020 erkennt sie: »Twitter steht zwar nicht im Titelkopf der *New York Times*. Aber Twitter ist zu ihrem maßgeblichen Redakteur geworden.«[61]

Ergänzt wird die Arbeit der beiden Hauptverantwortlichen Matt Taibbi und Bari Weiss von weiteren Autoren, die bis dato allerdings nicht so häufig in Erscheinung getreten sind. Michael Shellenberger ist einer von ihnen. Er hat sich in den letzten 20 Jahren unschätzbare Verdienste erworben, indem er unablässig bemüht ist, den naiven Predigern des Weltuntergangs ein positives, rationales Bild der Wirklichkeit entgegenzuhalten. Das *Wall Street Journal* schreibt: »Shellenbergers positiver Ausblick – der ökonomische Dynamik und kreatives Potenzial in den Mittelpunkt stellt – wird der Umwelt sicherlich mehr helfen als jeder UN-Bericht oder Nobelpreis.«[62]

Lee Fang ist ein klassischer amerikanischer Linker, der nach wie vor die Priorität der sozialen Klasse zur Beschreibung und Bewertung menschlicher Existenz dem identitätspolitischen Rassismus der bunten Weltordnung vorzieht.

David Zweig und Alex Berenson sind zwei Autoren, die sich durch ihre unermüdliche Arbeit gegen Bevormundung und Korruption einen Namen gemacht haben. Berensons Werk über die Machenschaften von Bernie Madoff, dem vielleicht größten Finanzbetrüger der Geschichte, ist eine Pflichtlektüre für jeden kritischen Geist.

Wenn wir uns die Journalisten anschauen, die von Elon Musk mit der Veröffentlichung der Twitter Files beauftragt worden sind, so stehen wir einem Team gegenüber, dessen gemeinsames Merkmal eine unbeugsame Integrität und Widerständigkeit sowie die Verpflichtung zur Wahrheit ist. Die kühle Souveränität, mit der die Mitglieder der Arbeitsgruppe sämtlichen Drohungen, aber auch jeglichen Verlockungen, sich für persönlichen Vorteil den Mächtigen und Bunten anzubiedern, getrotzt haben, kann das Vertrauen in ihre Arbeit mit den hochsensiblen Unterlagen nur stärken. Des Weiteren verfügen wir mit den Biografien der Teammitglieder über einen wertvollen Anhaltspunkt, anhand dessen sich echter Journalismus von den Verlautbarungen der Propagandisten der Neuen Weltordnung unterscheiden lässt. Dies gibt auch uns als mündigen Bürgern Deutschlands ein Kriterium an die Hand, das es gestattet, die Wahrheit vom Betrug zu trennen. Im Falle der Twitter Files genauso wie beim Lesen der täglichen Zeitung.

Twitter Files, Kapitel 1:
Allgemeines

Kommen wir aber nun zu den eigentlichen Twitter Files. Die erste Tranche datiert vom 3. Dezember 2022. Urheber der insgesamt 32 Tweets, die der erste Teil beinhaltet, ist Matt Taibbi. Obgleich es sich um eine neue Form von Publikation handelt, ist Taibbi den Regeln des Qualitätsjournalismus dennoch so weit verpflichtet, dass er den Twitter Files eine Art Einführung voranstellt. Weiter folgt er der alten journalistischen Praxis, der Überschrift eine kurze Zusammenfassung und danach den Langtext anzuschließen. Nur geschieht dies in den Twitter Files, indem Taibbi die Abfolge seiner Tweets dem Medium, über das er kommuniziert, und dessen Regeln anpasst.

»Die Menschen tun das Böse nie so vollständig und begeistert, wie wenn sie es aus religiöser Überzeugung tun.«

Umberto Eco

Um sich ein Bild vom Ausmaß sowie von der Grundproblematik der in den Twitter Files beschriebenen Vorgänge machen zu können, ist es zunächst einmal ausreichend, den Inhalt des ersten Teils genauer unter die Lupe zu nehmen.

Interessant wird es ab dem 5. Tweet der ersten Tranche. In ihm legt Taibbi Feuer an die Lunte, indem er schreibt: »In einem frühen Konzept wurde Twitter seinem Leitbild mehr als gerecht und gab den Menschen ›die Möglichkeit, Ideen und Informationen sofort und ohne Barrieren zu erstellen und zu teilen‹.« (1, Tweet 5)[63] Schon früh taucht hier also der Bezug zu der schon erwähnten sehr sympathischen Ursprungsidee von Twitter auf. Immer wieder weisen Taibbi, Weiss und die anderen darauf hin, dass es einst ganz anders gewesen ist. Und es fällt ob der Wiederholung nicht schwer, die Verzweiflung der Journalisten über den Verfall der Meinungsfreiheit herauszulesen.

Wie dieser Verfall einsetzte, wird im 6. Tweet der ersten Lieferung wie folgt beschrieben: »Im Laufe der Zeit war das Unternehmen jedoch gezwungen, diese Barrieren langsam zu errichten. Einige der ersten Tools zur Sprachkontrolle wurden entwickelt, um Spam und Finanzbetrüger zu bekämpfen.« (1, Tweet 6)[64] Das Wort »Sprachkontrolle« meint hier die Beschneidung des ursprünglichen Konzepts, welches das freie Erstellen und Teilen von Inhalten vorsah. Das Teilen von Inhalten ist seitdem nicht mehr frei, sondern geregelt. Twitter selbst beginnt also darüber zu befinden, was es wert ist, geteilt zu werden und was nicht. Die Tools zur Abwehr von Spam und Finanzbetrug sind

Die Twitter Files

dabei die Schwachstelle. Ursprünglich als Torwächter gedacht, sind sie inzwischen zu einem Einfallstor geworden. Hier drängt sich der Vergleich zu totalitären Systemen nachgerade auf. Bekanntlich haben die ebenfalls eine Vorliebe dafür, Ausnahmeregelungen dafür einzusetzen, ihren freiheitsfeindlichen Machenschaften ein Feigenblatt der Legalität umzubinden. Denken wir nur an die Coronamaßnahmenpolitik, die ebenfalls auf Neben- und Nischengesetzen gründete.

Dass Twitter einen ähnlichen Weg geht, demonstriert der 7. Tweet der ersten Tranche: »Nach und nach fanden Mitarbeiter und Führungskräfte von Twitter immer mehr Einsatzmöglichkeiten für diese Tools. Auch Außenstehende baten das Unternehmen, die Inhalte zu manipulieren: zuerst ein wenig, dann öfter, dann ständig.« (1, Tweet 7)[65]

Mit dieser knapp beschriebenen Entwicklung legt Taibbi den Finger in die Wunde. Da Twitter selbst keine stringenten Regeln für die Verwendung seiner Werkzeuge zur Inhaltskontrolle entwickelt hatte und einen laxen Umgang mit dem geposteten Content pflegte, war es für außenstehende Interessengruppen ein Leichtes, Einfluss auf die Veröffentlichungen zu nehmen. Hätte Twitter hingegen über starke und präzise Regeln zur Kontrolle der Inhalte verfügt, wären Einmischungen durch Dritte viel leichter abzuwehren gewesen. Der Kurznachrichtendienst wäre autonom, also unabhängig geblieben.

Die selbst gewählte Abhängigkeit Twitters von Zurufern ist insofern bedeutend, als kein Unternehmen eine Einmischung von betriebsfremden Personen in sein Geschäftsmodell dulden kann. Man stelle sich vor, ein Fußballtrainer stellte seine Mannschaft auf Zuruf einer Zeitung auf.[66] So ein Vorgang würde zu höchster Besorgnis seitens des Präsidiums und der Fans führen und ihn zur Lachnummer seiner Konkurrenten machen. Und doch ist genau dies bei Twitter geschehen.

53

Im 8. und entscheidenden Tweet von Matt Taibbi platzt nun die Bombe: »Ab 2020 waren Anfragen von [mit Twitter] verbundenen Akteuren, bestimmte Tweets zu löschen, zur Routine geworden. Eine Führungskraft schrieb etwa an eine andere: ›Mehr zu überprüfen durch das Biden-Team.‹ Als Antwort kam zurück: ›Erledigt.‹« (1, Tweet 8)[67] Was auf den ersten Blick fast harmlos klingt und durchaus schnell überlesen werden kann, ist an Sprengkraft kaum zu überbieten.

Nun ist es schon schlimm genug, wenn große Firmen oder mächtige Konglomerate Einfluss auf die öffentliche Meinungsbildung nehmen können, ohne dass der Vorgang den Bürgern überhaupt bewusst wird. In der Fachsprache wird eine solche Staatsform Plutokratie oder Oligarchie genannt. Aber hier geht es um mehr. Nämlich darum, dass Politiker und Firmenmanager bestimmen, was gesagt werden kann und was nicht. So trivial der 8. Tweet auf den ersten Blick auch erscheinen mag, dokumentiert er nichts weniger als das Eingeständnis der verdeckten politischen Einflussnahme, wenn nicht sogar der Übernahme der öffentlichen Meinungsbildung durch die Politik.

Mit anderen Worten: Die von uns zitierten Tweets zeigen, wie aus einer Gesellschaft frei denkender und sprechender Individuen ein totalitäres Kollektiv gemacht werden soll, in dem alle aufgrund gelenkter Informationen das Gleiche denken und reden.

Wir haben bereits angesprochen, dass sich freiheitsfeindliche Systeme gern bereits existierender Ausnahmeregeln und -gesetze bedienen, um ihre Kritiker mundtot zu machen, den Widerstand der Zivilgesellschaft auszuschalten und einen ideologischen Scheinkonsens zu installieren, gerne auch in Verbindung mit der Ausrufung eines Notstandes, der sich bekanntlich bestens dazu eignet, Freiheits- und Menschenrechte einzuschränken. Wie das geht, wissen wir nicht erst seit Corona. Man redet eine oder mehrere Krisen herbei und nutzt anschließend irgendwelche Nischengesetze und Ausnahmeregelungen, um die Demokratie auszuhöhlen. Exemplarisch dafür sei die Asylgesetzgebung der Bunten Republik genannt. Das Asylverfahrensgesetz (AsylVfG) ist eigentlich auf eine nur kleine Gruppe extrem hilfsbedürftiger Menschen zugeschnitten, mit dessen Hilfe nun aber die vergangenen und anhaltenden Flüchtlingsströme im Sinne der Neuen Weltordnung gemanagt werden sollen. Oder nehmen wir die Coronamaßnahmenpolitik weltweit, vor allem aber in Deutschland. Mithilfe des 2001 aufgrund neuer seuchenartiger Bedrohungen erlassenen Infektionsschutzgesetzes (IfSG)[68] werden in der Bundesrepublik bis dahin einzigartige Grundrechtseinschränkungen durchgesetzt.

Bemerkenswert ist an dieser Stelle der Umstand, dass es ausgerechnet jene sind, die stets das Wort vom »Nie wieder« im Munde führen, die mit ihren Einteilungen der Menschen in »Geimpft« und »Ungeimpft«, in »Menschenfreund« und »Rassist«, in »Gut« und »Böse« die alten Geister wieder heraufbeschwören.

Ganz ähnlich wie die Regenbogenfraktion in der Sektion D der Neuen Weltordnung verfährt, so handelt sie bei Twitter. Was freilich nicht weiter verwundert, hängen doch beide dem Glauben von der einen bunten Welt an.

Das demonstriert nicht zuletzt eine Episode aus dem US-Präsidentschaftswahlkampf 2020. Auf dem Höhepunkt der Auseinandersetzung vergisst Hunter Biden, der Sohn des ehemaligen Vizepräsidenten und zu jenem Zeitpunkt Präsidentschaftskandidaten Joe Biden, einen Laptop in einer MAC-Reparaturwerkstatt. Das Problem dabei: Auf der Festplatte befinden sich hochgeheime und hochsensible Informationen. Es geht um nichts Geringeres als die Verstrickung des Weißen Hauses und mutmaßlich des nun 46. US-Präsidenten selbst in Korruptionsvorgänge in der Ukraine. Die Daten werden der *New York Post* zugespielt, was für das Team Biden und seine Unterstützer einem Super-GAU gleichkommt – auch in den sozialen Medien.

Doch die Schockstarre dauert nicht lange an. Die Veröffentlichung selbst kann Twitter nicht verhindern, aber das offene Gespräch darüber sehr wohl. Unter Berufung auf Regeln zur Eindämmung von Kinderpornografie wird der Account einer der ältesten Tageszeitungen der USA, die noch dazu vom Mitverfasser der US-Verfassung, Alexander Hamilton, 1801 gegründet wurde, umgehend gesperrt. Diesem Tabubruch in Sachen Meinungs- und Pressefreiheit folgt ein Zensursturm, den die sozialen Medien, wenn überhaupt, nur selten erlebt haben. Postings, die nicht dem Narrativ der Twitter-Belegschaft folgen, werden gelöscht oder mithilfe von Shadow Ban in ihrer Reichweite extrem eingeschränkt. Ähnliches widerfährt ganzen Kanälen, die gegen die ideologischen Vorgaben verstoßen. Pikanterweise finden sich auf dem Laptop Daten, welche zeigen, dass die Bidens in genau diejenigen illegalen Machenschaften verstrickt sind, die sich im Amtsenthebungsverfahren (Impeachment) gegen Donald Trump nicht hatten beweisen lassen.[69]

Von den Ein- und Beschränkungen, den Löschungen und sonstigen Beeinträchtigungen auf Zuruf der Politik sind ausweislich des 9. Tweets des ersten Teils der Twitter Files[70] sowohl Prominente als auch Unbekannte betroffen. Das Ausmaß und die Tragweite der Zensur und Meinungskontrolle lässt sich anhand von fünf Accounts ablesen. Sie werden laut dem 8. Tweet zur Untersuchung und Bewertung an das Team Biden weitergeleitet. Es sind wenig reichweitenstarke Alltagsprofile ganz normaler User. Hier werden keine weltberühmten Rechtsradikalen oder Antisemiten an der Veröffentlichung gehindert, sondern Menschen, die sich mit Alltäglichem befassten. Vier der fünf betroffenen Konten sind nach wie vor gesperrt.[71]

An dieser Stelle soll selbstverständlich nicht verschwiegen werden, dass Einflussnahmen von beiden Seiten des politischen Spektrums erfolgt sind. 2020 sind es Demokraten wie Republikaner, die die Möglichkeiten von Twitter nutzen. (Tweet 10)[72] Allerdings ist die Einflussnahme seitens der Politik nach Aussage des 11. Tweets[73] keineswegs ausgewogen, nicht zuletzt aufgrund der Twitter-Mitarbeiter, die mehrheitlich eindeutig dem linken Lager zuzurechnen sind. Taibbi verdeutlicht diesen Sachverhalt, indem er auf die Seite *www.opensecrets.org* verweist. Dort werden Spenden, Lobbytätigkeiten und simple Bestechungen genau aufgelistet und veröffentlicht. Im amerikanischen Wahlkampfjahr spendeten demokratische Organisationen demnach 909 431 US-Dollar an Twitter. Das ist 594-mal mehr als die Republikaner. Nur zum Vergleich: Bei der erzkonservativen National Rifle Association (NRA), die fast nur bei Republikanern auf Interesse stößt, beträgt das Spendenverhältnis 1:1,7 zugunsten der Republikaner! Das heißt, Twitter ist um den Faktor 349 mehr links, als die NRA rechts ist.[74]

Damit hat Matt Taibbi innerhalb von elf Tweets den Kern der Twitter Files und damit das Grundproblem des Mikroblogging-Dienstes umrissen: die politische Einflussnahme vornehmlich linker Interessenvertretungen und Lobbyisten der Neuen Weltordnung zum Zwecke der Meinungsmanipulation im wichtigsten sozialen Medium der Gegenwart.

Vom 12. bis zum 36. Tweet des ersten Teils der Twitter Files haben wir es mit Postings zu tun, die vornehmlich die amerikanische Innenpolitik sowie die Hunter-Biden-Laptop-Story betreffen. An dieser Stelle soll es genügen, wenn wir darauf hinweisen, dass diese Tweets, genauso wie alle noch folgenden Veröffentlichungen, letztlich nur der Bestätigung der oben anhand der ersten elf Tweets entwickelten und bewiesenen Grundaussage von Matt Taibbi dienen.

Der Vollständigkeit halber wollen wir am Ende dieses Kapitels noch den Anhang zur ersten Tranche der Twitter Files erwähnen, den Ergänzungsteil »1a, Supplemental«[75]. Er ist für unsere Arbeit nur insofern von Belang, als hier erstmals der Name Jim Baker auftaucht. Ein Mann, mit dem wir es noch zu tun haben werden. So viel sei vorweg aber schon erwähnt: Baker ist eine der zentralen Figuren in den Twitter Files, so etwas wie das Scharnier zwischen dem Kurznachrichtendienst und den Sicherheitsbehörden.

Zu guter Letzt wollen wir noch auf die entlarvende Reaktion der sogenannten Qualitätsmedien auf die Veröffentlichung des ersten Teils der Twitter Files hinweisen. Die, welche sich so gern als vierte und unabdingbar notwendige Macht zur Erhaltung der Demokratie feiern, empören sich mehr über den Twitter-Kauf durch Elon Musk als über die Inhalte der Twitter Files. Jedenfalls bleibt ein öffentlicher Sturm der Entrüstung aus, obgleich bereits die erste Veröffentlichung dazu Anlass geboten hätte. Stattdessen ist man in den bunten Redaktionsstuben bemüht, die Bedeutung der Enthüllungen herunterzuspielen. Hauptargument hierbei: Es fehle die *smoking gun*, also der endgültige Beweis. Für die erste Lieferung mag das zutreffen, inzwischen aber liegen genug Anhaltspunkte vor, die genau das, die schamlose Manipulation der veröffentlichten Meinung, *belegen*. Und dennoch: Dröhnendes Schweigen im Blätterwald. Bezeichnend ist in diesem Zusammenhang auch der Umstand, dass zum Zeitpunkt der Entstehung dieses Buches noch kein deutschsprachiger *Wikipedia*-Eintrag zu den Twitter Files existiert. Schande über sie.

Hier tritt das erste Mal die Bedeutung der Twitter Files sowie deren Veröffentlichung vollumfänglich zutage. Matt Taibbi und seine Kollegen führen uns die Art und Weise, vor allem aber das Ausmaß der Informationslenkung und Zensur durch die Parteigänger der Neuen Weltordnung vor Augen. Doch das ist nur die eine Seite; sie ist spektakulär und wichtig. Mindestens genauso wichtig ist aber eine zweite. Sie besteht in den Reaktionen auf die Veröffentlichung der Files: Journalisten, die gegen die Meinungsfreiheit wettern und damit ihr Berufsethos mit Füßen treten, sowie Medienschaffende, die durch persönliche Angriffe und Anwürfe auf die handelnden Personen versuchen, vom skandalösen Gehalt der Twitter Files abzulenken. Entscheidungsträger mit hoher und höchster Verantwortung in Regierungen, Parlamenten und Geheimdiensten nehmen keine Rücksicht auf eben jene Grundrechte mehr, die sie ständig gedankenlos im Mund führen. Zwar mögen sie deren Einhaltung dem Ausland gegenüber mit anmaßendem Gestus einfordern, zu Hause aber weht ein anderer Wind. Der bunten Repressionsorgie derer, die sich Demokraten nennen, und ihren Protagonisten muss keine Maske mehr heruntergerissen werden, das erledigen sie mit ihrer Reaktion auf die Twitter Files selbst. Der Kaiser ist nackt. Und so abstoßend dieser Anblick für freiheitsliebende und rechtstaatlich denkende Menschen auch sein mag: Wir müssen ihn ertragen. Denn nur in dieser ungenierten Selbstentwertung der Eliten kann der Widerstand gegen sie Nahrung finden. Solange wir friedlich kämpfen, lebt die Hoffnung.

Twitter Files, Kapitel 2:
Geheime schwarze Listen

Das 2. Kapitel der Twitter Files umfasst ebenfalls rund dreißig Tweets. In ihnen geht es, wie die Überschrift schon sagt, um »schwarze Listen«. Dass solche existieren, darüber gibt es schon seit Langem Gerüchte.

»Gedanken
sind mächtiger
als Waffen.
Wir erlauben
es unseren Bürgern
nicht, Waffen
zu führen – warum
sollten wir es
ihnen erlauben,
selbstständig
zu denken?«

Josef Stalin

In der IT nennt man sie Blacklists oder Shadowbans. Laut *Wikipedia* haben wir es bei Shadow banning rein technisch gesprochen mit einer Reichweitendrosselung zu tun.[76] Durchgeführt wird eine solche manuell. Das heißt, die Algorithmen, die bestimmen, was jeder User sehen und suchen kann, werden manipuliert. Der vom Shadowban betroffene Nutzer indes bekommt von dieser Maßnahme zunächst nichts mit. Bestenfalls kann er eine solche anhand verringerter Likes erahnen, sonst aber tappt er im Dunkeln. Er kann indes nicht wissen, dass für ihn Sonderregeln gelten, die bei anderen Accounts nicht zur Anwendung kommen. Alle sind gleich, manche aber eben gleicher.

Bari Weiss gibt drei Beispiele für eine solche Praxis.

Zum einen kann Twitter einschränken, ob ein Account in den Suchergebnissen erscheint. Dieser Vorgang ist gleichbedeutend mit einer Adresslöschung in der analogen Realität. Familie Huber bewohnt zwar nach wie vor ihr Haus im Pfaffenwinkel 25, jedoch werden keine Briefe oder Paketsendungen mehr zugestellt, denn im öffentlichen Lageplan gibt es diese Adresse nicht mehr. Diese Vorgehensweise wird bei Twitter **Search Blacklist**[77] genannt.

Ein weiteres Mittel, unliebsame Postings verschwinden zu lassen, war es, den betreffenden Account auf **Trends Blacklist**[78] zu setzen. Das bedeutet, dass der Account in keinerlei Listen, welche die gerade beliebtesten Themen aufführen, mehr vorkommt. Ein Beispiel aus der analogen Welt: Der *Spiegel* verfuhr so mit dem Buch *Finis Germania* von Rolf Peter Sieferle, das 2017 wegen Verstoßes gegen das Narrativ der Herrschenden einfach von der wohl einflussreichsten Bestsellerliste Deutschlands gestrichen wurde.[79] Oder Ende 2021, als Twitter das Konto des Wissenschaftlers Robert W. Malone sperrt. Der Virologe, Immunologe und Molekularbiologe ist nicht irgendwer, sondern einer der Co-Autoren von Pionierstudien zur Entwicklung der Lipofektion mit mRNA, der Grundlage für einige RNA-Impfstoffe, etwa solchen gegen Corona. Nachdem er sich kritisch hinsichtlich einer zu unbedarften Anwendung dieser Technologie geäußert hat, sind seine Tage auf dem Kurznachrichtendienst gezählt.[80]

Die dritte Form der Reichweitendrosselung nennt Twitter **Do not Amplifiy**[81], was so viel heißt wie: Dieser Account darf keinerlei Reichweitenverstärkungen zugänglich gemacht werden. Das bedeutet, dass man als gewöhnlicher Benutzer nur Beiträge sehen und bewerten kann, die von Benutzern, denen man selbst folgt, gesehen werden. Der oft verwendete Begriff der *echo chamber* (Echokammer) – eigentlich eine Negativfolge sozialer Netzwerke – wird hier von Twitter bewusst eingesetzt, um eine Art Cordon sanitaire, also einen Sperrgürtel, um gewisse Usergruppen zu errichten.

Natürlich wird die Beschneidung des Meinungskorridors von genau jenen Akteuren bestritten, die sie durchführen. So erklärt Vijaya Gadde im Juli 2018, damals noch bei Twitter als Head of Legal, Policy and Trust tätig, gemeinsam mit Kayvon Beykpour, der zu dieser Zeit den Posten eines Head of Product bekleidet, auf dem Twitter-Blog: »Wir haben keine Reichweitensperrungen vorgenommen. Und wir haben

Vijaya Gadde

»Die Banalität des Bösen«

Hannah Arendt

sicherlich keine Reichweitensperrung aufgrund politischer Standpunkte oder der Ideologie durchgeführt.«[82]

Im 2. Kapitel der Twitter Files werden die beiden ehemaligen Führungskräfte der tumben Lüge überführt. Bari Weiss legt offen, was aus Twitters Grundidee in der Zwischenzeit geworden ist. Einst hat der Kurznachrichtendienst das Ziel verfolgt, »›jedem die Möglichkeit zu geben, Ideen und Informationen sofort und ohne Barrieren zu erstellen und zu teilen‹, entlang des Weges wurden dennoch Barrieren errichtet.«[83] Und zwar mit den hauseigenen Mitteln. Wie diese aussehen, veranschaulicht Weiss anhand mehrerer Beispiele.

Da ist zum Beispiel der Account von Charlie Kirk (Tweet 5), dem Gründer von Turning Point USA, einer studentischen konservativen Non-Profit-Organisation, der zum Opfer der Repressionsmaßnahmen wird. Kirk setzt sich mit seiner Organisation dafür ein, dass den Studenten an amerikanischen Hochschulen der Zugang zu Bildungsinhalten gewährleistet bleibt, die von progressiver Seite als gefährlich, verletzend oder faschistisch gebrandmarkt werden. In den USA, die der Entwicklung in Deutschland stets ein paar Jahre voraus sind, fallen bereits Biologie, Evolutionsbiologie, empirische Psychologie und klassische Literaturwissenschaften unter diese Rubrik. Hierzu passt auch, dass sein Twitter-Account gelöscht wird, als er einen biologischen Mann als Mann bezeichnet und nicht, wie es der Betreffende wünscht, als Frau.[84] Und auch im besten Deutschland, das es jemals gab, können wir eine forcierte Verengung des Meinungskorridors feststellen – virtuell und analog.

Oder der Fall von Dr. Jayanta »Jay« Bhattacharya von der Stanford University, »der argumentierte, dass Covid-Lockdowns Kindern schaden würden. Twitter setzte ihn heimlich auf die ›Trends Blacklist‹, die verhinderte, dass seine Tweets im Trend lagen.« (Tweet 3)[85]

»Oder denken Sie an den beliebten rechten Talkshow-Moderator Dan Bongino, der einmal mit einer ›Search Blacklist‹ geschlagen wurde.« (Tweet 4)[86]

Nun handelt es sich bei den von Weiss angeführten, mehr oder weniger prominenten Reichweitensperren um Personen der US-amerikanischen Öffentlichkeit. Gleichwohl stinkt der Fisch bekanntlich vom Kopfe her, sodass wir von der Vorgehensweise der Twitter-Führungskräfte und -Mitarbeiter jenseits des Atlantiks durchaus auf die Zustände diesseits des Großen Teichs schließen können. Die einen geben das Drehbuch vor, nach dem die anderen handeln.

Und wer wollte nicht in bitteres Gelächter ausbrechen, wenn er, das fast schon pathetische Dementi (vgl. Fußnote 82) der Head of Legal, Policy and Trust, Vijaya Gadde, und des Twitter-Managers Kayvon Beykpour vor Augen, sich die Situation in der Bunten Republik vergegenwärtigt? Erinnert sei nur an kritische Geister wie Boris Reitschuster, der sich seinen Zugang zu Twitter gerichtlich erstreiten musste, oder an Prof. Paul Brandenburg, der auf Twitter mit seinem Hauptkanal dauerhaft gesperrt ist und nur über seinen Ersatzkanal aktiv sein kann. Oder an den Fall des Vizepräsidenten des nordrhein-westfälischen Landtags, Gerhard Papke (FDP), der seine vorübergehende Sperrung aufgrund eines harmlosen Beitrags zur Flüchtlingsdebatte ebenfalls nur durch Androhung rechtlicher Schritte rückgängig machen kann.[87] Diese Liste ließe sich endlos weiterführen, und doch würden alle Beispiele nur das eine bestätigen, nämlich das Vijaya Gadde und Kayvon Beykpour schamlos gelogen haben.

Exkurs: Die Lüge

An dieser Stelle wollen wir einen Augenblick innehalten, da wir bei einem zentralen Begriff angekommen sind, der weit über die Twitter Files und die Vereinigten Staaten hinausreicht. Gemeint ist: die Lüge. Sie ist das wesentliche Merkmal der Neuen Weltordnung und damit der westlichen Gesellschaften der frühen 2020er-Jahre. Insbesondere in Deutschland hat sie hinsichtlich der Kommunikation der Berliner Republik mit ihren Untertanen ein behagliches Zuhause gefunden. Dabei ist nicht allein von den großen offensichtlichen Lügen die Rede, wie etwa der Behauptung einer nebenwirkungsfreien Coronaimpfung oder dass keine spezifisch deutsche Kultur existiere oder dass sich die Flüchtlingsströme vornehmlich aus Frauen und Kindern zusammensetzen. Es beginnt schon weitaus früher, nämlich mit dem Sprachdiktat, welches die Regierenden den Regierten auferlegen.

Wie immer bei menschen- und freiheitsfeindlichen Systemen dient den Tyrannen als Vorwand die »Menschlichkeit«. Abermillionen sind in ihrem Namen hingeschlachtet worden. Aber offensichtlich waren es nicht genug, um daraus zu lernen. Sonst würde sich die Neue Weltordnung nicht auf denselben Weg begeben wie ihre tyrannischen Vorgänger, die glaubten, im Diesseits das Paradies errichten zu können. Die proklamierte Absicht, dass sich niemand wegen unangemessener Worte verletzt oder beleidigt fühlen soll, ist dabei nur der erste Schritt dahin.

»Und ja, unser Land wird sich ändern, und zwar drastisch. Und ich sage euch eins, ich freu mich drauf.«

Katrin Göring-Eckardt
im November 2015

Silvesterausschreitungen in Berlin

Und er besteht bereits aus einer ersten manifesten Lüge. Um das festzustellen, reicht ein Blick auf die Rhetorik des politmedialen Komplexes gegenüber alten, weißen Männern, Ungeimpften, Islamkritikern, Genderkritikern, Fleischessern, Konservativen, Libertären, gläubigen Christen und all jenen Menschen, auf welche die bunten Eliten mit so viel Verachtung hinabschauen. Sie alle können, ja müssen geradezu notorisch beschimpft, denunziert und diskriminiert werden. Für sie gilt der Schutz vor Verletzung nicht.

Es geht weiter mit den Inhalten der Kommunikation von oben nach unten. Die Sprache dient in der Bunten Republik nicht mehr länger der Information und Aufklärung eines Sachverhaltes, sondern dessen Verschleierung. Das geschieht auf verschiedene Art und Weise. Das eine Mal verschweigt man Tatsachen, das andere Mal wird radikal vereinfacht, und ein drittes Mal lügt man den Bürgern frech ins Gesicht. Wie das in der Praxis aussieht, das demonstriert die Berichterstattung zu den Ausschreitungen in Berlin und anderswo in der Silvesternacht 2022/23. Stur weigert man sich anfangs, die Nationalität der Gewalttäter bekannt zu geben[88], obwohl zahlreiche Videoclips im Netz schnell darüber Auskunft geben, welche Klientel da ihr Mütchen an der Staatsgewalt kühlt.

Als es nicht mehr anders geht, beginnt die Simplifizierung. Es seien in der Mehrzahl Deutsche gewesen, die da in Berlin, Hagen und anderswo randaliert hätten – 45 von 145 Festgenommenen nämlich seien deutsche Staatsbürger. Das ist kein Schreibfehler, so ließen es die moralisch besseren Kreise der Bunten Republik tatsächlich verlautbaren. 45 sind demnach die Mehrheit von 145. Das geht nur, wenn man zählt wie der politmediale Komplex: nach Pässen.[89]

Aber selbst diese Grundsatzheuchelei sowie das schon zur Gewohnheit gewordene Lügen der Mächtigen sind nur Marginalien gegenüber der Tatsache, dass durch das von oben aufgezwungene Sprachdiktat der politischen Korrektheit die Menschen gezwungen werden sollen, objektive Wahrheiten zu verleugnen, und zwar unter Strafandrohung. Das sieht jedenfalls das geplante »Selbstbestimmungsgesetz«[90] vor. Es soll den Wechsel des Geschlechts vereinfachen, was unter anderem bedeutet, dass ein Mensch jedes Jahr aufs Neue ein Mann oder eine Frau sein kann, jedenfalls für die Behörden. Ein Gang zum Standesamt soll dafür in Zukunft ausreichen.[91] Als wäre das nicht Irrsinn genug, lesen wir bei Correctiv, einem sogenannten »Faktenchecker-Recherchezentrum«, also einem Sprachrohr und Werkzeug des bunten Totalitarismus: »Der Gesetzentwurf zum Selbstbestimmungsgesetz sieht nicht pauschal vor, dass eine Person, die einen Mann in Frauenkleidern als Mann anspricht, ein Bußgeld erhält. Wenn jedoch absichtlich oder fahrlässig die abgelegte Geschlechtsangabe oder der alte Name einer Trans-Person verwendet wird, kann die betroffene Person Anzeige erstatten. Es handelt sich dann um eine Ordnungswidrigkeit und kann mit Bußgeld geahndet werden.«[92] Und auch hier muss man sagen: Sie können es einfach nicht sein lassen, die Verschleierung der Realität durch die Sprache. Denn was soll »absichtlich« und »fahrlässig« bedeuten? Es sind in diesem Zusammenhang Gummibegriffe, die erst noch von einem Justizapparat definiert werden müssen, an dessen politischer und ideologischer Unabhängigkeit spätestens seit der Einsetzung von Stephan Harbarth[93] als Präsident des Bundesverfassungsgerichts ernsthafte Zweifel bestehen. Durch das »Selbstbestimmungsgesetz« wird es damit praktisch unmöglich, einen biologischen Mann, der von sich behauptet, gerade im Moment eine Frau zu sein, straflos als Mann anzusprechen.

Die Bedeutung dieses Vorgangs ist in seiner Bedrohlichkeit für die Freiheit kaum zu überschätzen. Nicht zuletzt deshalb, weil eine unauflösliche Verbindung zwischen Freiheit und Wahrheit einerseits sowie zwischen Tyrannei und Lüge andererseits existiert. Die Erklärung dahinter lautet wie folgt: Eine funktionierende Demokratie lebt davon, dass verschiedene Wahrheiten auf Grundlage einer gemeinsamen Wirklichkeit miteinander im Wettstreit stehen. Oder anders gesagt: Demokratie ist ein Marktplatz der Ideen. Aus der Konkurrenz ergeben sich Freiräume und Möglichkeiten, die in einer weltanschaulich durchgeformten Diktatur nicht existieren. In einer solchen wird aus dem Marktplatz der Ideen der Paradeplatz der »einen Ideologie«, auf dem keine Abweichung von der vorgeschriebenen Ordnung mehr geduldet wird. Diese gründet zwar ebenfalls auf einer gemeinsamen Wahrheit, doch hat die mit der Wirklichkeit nichts mehr zu tun.

Im Ideologiestaat ist die Wahrheit eine Lüge. Um sie aufrechtzuerhalten, bedarf es einiges an Aufwand. So muss die Lüge pausenlos wiederholt werden, um sie den Menschen einzuhämmern. Zudem bedienen sich die Mächtigen nur zu gerne der fortgesetzten Demütigung der Untertanen, um die Lüge zu internalisieren, und zwar indem sie diese dazu zwingen, ihren Kotau vor den Gegebenheiten zu leisten. Die Idee ist nicht neu. Friedrich Schiller beschreibt in dem deutschen Nationaldrama *Wilhelm Tell* eine ganz ähnliche Situation. Der Reichsvogt Hermann Gessler lässt in Altdorf auf einem Stock einen Hut aufstellen, den sogenannten Gesslerhut, dem die Einwohner Altdorfs fortan beim Vorbeikommen einen Gruß zu entrichten haben. Tells Weigerung, die Unterwürfigkeitsgeste zu vollführen, mündet letztlich in jenen berühmten Armbrustschuss, mit dem er den Apfel vom Kopf seines Sohnes schießt.

Beim Sprachdiktat der Neuen Weltordnung verhält es sich ganz ähnlich. Diejenigen, die auf die neuen, lügnerischen Wendungen verzichten, vielleicht sogar demonstrativ in »alter Weise« sprechen, enttarnen sich als rückständige Menschen, die man zunächst wieder auf den rechten Pfad der Tugend zu führen versucht. Gelingt das nicht, wird, getreu dem Motto »Jeder hat seinen Punkt, an dem er bricht« der Druck erhöht. Es geht gar nicht anders: Menschen, die sich im Besitz der alleinigen Wahrheit wähnen, können keinen Widerspruch dulden. Umso mehr, wenn es sich dabei um eine Lüge handelt. Unbelehrbare müssen gebrochen werden. Also geht man ans Werk. Bei den einen ist es die Isolation im Freundes- und Bekanntenkreis, beim anderen die Ausgrenzung aus dem Familienverband, und wieder andere sehen ihre Grenze beim möglichen Verlust des Arbeitsplatzes erreicht und beugen ihren Nacken vor der Lüge.

Ein Blick in die Vergangenheit verrät, wohin das führen kann. Abermillionen Menschen sind im 20. Jahrhundert Opfer der als absolute Wahrheiten verkauften Lügen seitens des Faschismus, Nationalsozialismus, Kommunismus und Sozialismus geworden. Nun wollen wir mit diesem Verweis auf die Geschichte keinesfalls die Berliner Republik und schon gar nicht die Mitarbeiter von Twitter mit irgendwelchen blutdurstigen Unrechtsregimen der Zeitgeschichte gleichsetzen. Allerdings verschließen wir auch nicht die Augen vor der Wirklichkeit, und in der beginnen die Lügen der Neuen Weltordnung zunehmend an die Stelle der Wahrheit zu treten, bei Twitter im Kleinen und in der Bunten Republik im Großen. Und das ist kein gutes Zeichen für die Demokratie.

Twitter Files, Kapitel 3–5:
Die Sperrung von Donald Trump

Zurückkommend auf die Twitter Files, werden wir im Folgenden die Veröffentlichungen 3–5 in einem Kapitel zusammenfassen. Der Grund ist einfach. Sie behandeln dasselbe Thema: Die Entfernung des sich Ende 2020 bis Anfang 2021 noch im Amt befindenden Präsidenten der Vereinigten Staaten, Donald Trump, von Twitter. Hintergrund dafür sind die Ereignisse in der analogen Welt rund um den 6. Januar 2021.

Donald Trump

»Es bedarf nur eines Anfangs, dann erledigt sich das Übrige.«

Sallust

An diesem Tag stürmen Trump-Anhänger jenen nach US-Verständnis fast schon heiligen Ort, an dem die Sitzungen des Senats und des Repräsentantenhauses stattfinden: das Kapitol. Damit hat die Auseinandersetzung zwischen den Streitern für eine Neue Weltordnung einerseits und den darin lebenden Neuen Menschen beziehungsweise denen, die an dem einen wie an dem anderen keinen Bedarf haben, andererseits eine neue Qualität erreicht. Auch bei Twitter, wo man der Meinungsfreiheit durch die Löschung des Twitter-Kontos von Donald Trump endgültig den Krieg erklärt.

Was in den Tagen vom 6. bis zum 8. Januar 2021 innerhalb des Kurznachrichtendienstes geschieht, ist von historischer Bedeutung: »Sogar die Mitarbeiter von Twitter verstanden in dem Moment, dass es sich um einen Meilenstein in den Annalen der [freien] Rede handelte.« (3, Tweet 5)[94]

Kapitel 3: Das Vorspiel

In der dritten Tranche von Matt Taibbi erfahren wir Näheres zur Vorgeschichte von Trumps Sperrung. Dies ist deshalb wichtig, weil zwar »der Großteil der internen Debatte, die zu Trumps Verbot führte [...] in diesen drei Januartagen statt(fand). Der intellektuelle Rahmen wurde jedoch in den Monaten vor den Kapitol-Unruhen eingezogen.« (3, Tweet 8)

Dementsprechend beschäftigen sich die 57 Tweets des dritten Teils der Twitter Files in der Hauptsache mit den Monaten vor dem 6. bis 8. Januar 2021. Um zum Kern des Gesagten vorzudringen, müssen wir ein wenig herunterscrollen, genauer bis zum 48. Tweet. Dort können wir nachlesen, »dass Twitter zumindest im Jahr 2020 eine breite

Palette sichtbarer und unsichtbarer Tools eingesetzt hat, um Trumps Engagement zu zügeln, lange vor J6 [dem 6. Januar]. Das Verbot wird kommen, nachdem andere Mittel ausgeschöpft sind.«[95]

Der letzte Satz ist vielsagend, zeigt er doch, dass bei den Twitter-Angestellten, kurz Tweeps, spätestens mit der Wahl Trumps im November 2016 alle Hemmungen fallen. Es ist dies die typische Reaktion von Fanatikern. Als solche sind die Twitter-Mitarbeiter und ihre Gesinnungsgenossen des politmedialen Komplexes nicht in der Lage, nach der Niederlage innezuhalten, das Ergebnis zu reflektieren und sich demokratisch damit auseinanderzusetzen. Stattdessen kippen sie Benzin ins Feuer – schließlich kann nicht sein, was nicht sein darf.

Wir erinnern uns: Von Beginn des Wahlkampfes in den USA an begleiten die Funktionsträger und Verlautbarungsorgane der Neuen Weltordnung Trumps Wahlkampf mit Häme, Spott und den inzwischen üblichen Horrormärchen von einem in den Vereinigten Staaten entstehenden Vierten Reich, sollte Trump gewinnen. Als dann das Undenkbare eintritt und das Wahlvolk nicht so entscheidet, wie es sich die Damen und Herren in den bunten Amts- und Redaktionsstuben vorgestellt haben, bricht im Namen des Regenbogens eine Hass- und Hetzewelle ungekannten Ausmaßes über die Welt herein. Exemplarisch dafür seien einerseits der *Spiegel*, andererseits der heutige Präsident und damalige deutsche Außenminister Franz Walter Steinmeier erwähnt. Während das Nachrichtenmagazin den demokratisch gewählten US-Präsidenten einmal als Henker der Freiheitsstatue und einmal als todbringenden Kometen darstellt, nennt ihn Steinmeier einen »Hassprediger«[96] und verweigert ihm die obligatorische Gratulation zur gewonnenen Wahl[97], nur um 2 Jahre später, diesmal aus dem Schloss Bellevue, die islamistischen Blutsäufer in Teheran zum 40. Jahrestag der islamischen Revolution im Iran zu beglückwünschen.[98]

Die Hasskampagne des politmedialen Komplexes gegen Trump wird im Internet von den sozialen Medien nach Kräften unterstützt. An vorderster Front dabei, wie der dritte Teil der Files belegt: Twitter. Matt Taibbi schreibt dazu: »Wir werden Ihnen zeigen, was nicht offengelegt wurde: die Aushöhlung von Standards innerhalb des Unternehmens in den Monaten vor J6 [dem 6. Januar], die Entscheidungen hochrangiger Führungskräfte, gegen ihre eigenen Richtlinien zu verstoßen und mehr, vor dem Hintergrund der andauernden, dokumentierten Interaktion mit Bundesagenturen.« (3, Tweet 3)[99]

Bereits weit vor dem 6. Januar ist »eine einzigartige Mischung aus automatisierter, regelbasierter Durchsetzung und eher subjektiver Moderation durch Führungskräfte üblich. Dazu bedient man sich, wie Bari Weiss zuvor gezeigt hat, einer Vielzahl von Tools, die alle dem einen Zweck dienen: der Manipulation der Sichtbarkeit von Tweets. Auch und gerade im Umgang mit Trump und seinen Anhängern in den Wochen und Monaten vor dem 6. Januar. (3, Tweet 9)[100] Zunächst widmet sich Taibbi in den folgenden Tweets der dritten Veröffentlichung ausführlich der Zusammenarbeit zwischen Twitter-Führungskräften und dem FBI sowie der Heimatschutzbehörde DHS (Homeland Security).

Spätestens ab dem 9. Oktober 2020 können wir von einer engen Kooperation zwischen Kurznachrichtendienst und Sicherheitsbehörden hinsichtlich »wahlbezogener Inhalte« ausgehen. »Während dieser Zeit standen die Führungskräfte auch eindeutig mit den Bundesvollzugs- und Geheimdiensten über die Moderation wahlbezogener Inhalte in Verbindung.« (3, Tweet 17)[101]

Dass sich die Tweeps durchaus darüber im Klaren sind, wie heikel diese Verbindung ist, geht aus dem 18. Tweet samt Screenshot hervor[102], was die Entscheider freilich nicht daran hindert, die Kontakte weiterhin zu pflegen und noch auszuweiten. Wie wir Tweet 20 entnehmen, sind es nicht nur FBI und Heimatschutzministerium, sondern dazu noch der DNI, also der nationale Geheimdienst, mit dessen Direktor man bei Twitter regelmäßig konferiert[103], und zwar wöchentlich. Das heißt: Es gab Woche für Woche Unterredungen mit mindestens drei Sicherheitsdiensten der USA, in denen man sich darüber beriet, wie gegen unerwünschte Mitteilungen vorzugehen sei. Unerwünschte Mitteilungen in einem laufenden Wahlkampf wohlgemerkt.

Die Vorgehensweise ist offensichtlich folgende: Zunächst einmal läuft die Kommunikation derjenigen Führungskräfte, die an der Meinungs- und Informationslenkung beteiligt sind, nicht über Twitter, sondern über den webbasierten Instant-Messaging-Dienst Slack: »Am 8. Oktober 2020 eröffnen Führungskräfte dort einen Kanal namens ›us2020_xfn_enforcement‹. Ein ›Ort für Diskussionen über mit der Wahl zusammenhängende Entfernungen [also die Löschung von Posts]‹, die insbesondere solche [Posts] von ›high profile‹-Konten (oft als ›VITs‹ oder ›Very Important Tweeters‹ bezeichnet) betrafen.« (3, Tweet 14)[104] Bei dieser Gruppe haben wir es mit einem »obersten Schnellgericht« zu tun, »das praktisch im Vorübergehen Inhaltsentscheidungen fällte, oft innerhalb von Minuten und basierend auf Vermutungen, Bauchgefühl, sogar Google-Suchanfragen, und das selbst in Fällen, in denen der Präsident involviert war.«[105] In diesem virtuellen Gremium werden Moderationsanfragen bearbeitet und die Berichte der Sicherheitsdienste zu »verdächtigen« Tweets besprochen, wobei nicht unerwähnt bleiben soll, dass Taibbis Recherchen »keinen einzigen Hinweis auf Moderationsanfragen vonseiten der Trump-Kampagne, des Weißen Hauses, von Trump selbst oder der Republikaner im Allgemeinen« (3, Tweet 27)[106] ergeben hat.

Wie Meinungskontrolle in der Realität aussieht, ist in Tweet 24 nachzulesen. In ihm ist von einem FBI-Bericht zu zwei Kurznachrichten die Rede, die sich aufgrund der Verbreitung unerwünschter Informationen für entsprechende Repressionsmaßnahmen qualifiziert haben. Der erste Tweet, der untersucht wird, ist unbekannt, scheint aber harmlos zu sein. Jedenfalls bestätigt das die US-Bundespolizei. Eile, den Tweet wiederherzustellen, scheint den Twitter-Verantwortlichen in der Slack-Gruppe allerdings nicht geboten: »Haben wir einen Moment Zeit dafür?«[107]

Beim zweiten Tweet allerdings kennen wir den Inhalt. Es geht darin um den ehemaligen republikanischen Stadtrat von Tippecanoe County, Indiana, John Basham, »der behauptet: ›Zwischen 2 % und 25 % der Stimmzettel per Post werden wegen Fehlern abgelehnt.‹« (3, Tweet 24)[108]

Zu dieser möglichen Abstimmungsmanipulation und Wahlfälschung sagt das FBI, dass es sich hierbei um eine Falschmeldung handelt, und stützt sich dabei auf Aussagen einer Organisation namens Politifact, eine Art Faktenchecker. Wes Geistes Kind diese Organisation ist, wird bereits auf der Startseite der Politifact-Homepage deutlich, genauer gesagt an dem großformatigen Bild einer Gruppe von Menschen, die Regenbogenfahnen schwenkend Masken vor dem Mund tragen.[109]

Den Tweet des republikanischen Stadtrates zum Anlass nehmend, beschließt die Slack-Gruppe »das Label ›Erfahren Sie, wie sicher Abstimmungen sind‹ [unter dem Tweet] anzubringen, weil ein Kommentator meint: ›Eine Fehlerquote von 2 % ist völlig normal.‹ Roth gibt dann endgültig grünes Licht für den vom FBI eingeleiteten Prozess.« (3, Tweet 26)[110]

Dass Prozentzahlen im einstelligen Bereich sehr wohl wahlentscheidend sein können, zeigen die Wahlen für den Deutschen Bundestag von 2002 und 2005. Bei der erstgenannten entschieden sage und schreibe lediglich 6000 Stimmen darüber, wer die stärkste Partei in der Bundesrepublik wird. Bei der zweiten ist es lediglich 1 Prozent.[111]

Dass bei der Meinungs- und Informationslenkung nicht immer alles glattgeht, erfahren wir erstmals im 15. Tweet. Da lesen wir: »Es gab zumindest einige Spannungen zwischen [der Abteilung] Safety Operations – deren Mitarbeiter einen eher regelbasierten Prozess zur Behandlung von Problemen wie Pornos, Betrug und Drohungen anwendeten – und einem kleineren, mächtigeren Kader hochrangiger politischer Führungskräfte wie Roth und Gadde.«[112]

Yoel Roth, der hier neben der schon bekannten Vijaya Gadde erwähnt wird, ist wie diese eine der zentralen Figuren in den Twitter Files.

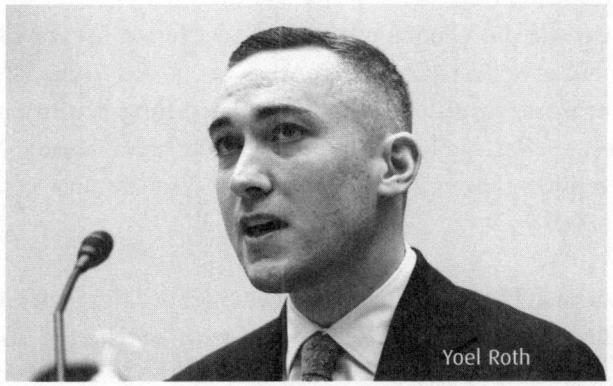

Yoel Roth

»Das ist eine schöne Sache, die Zerstörung von Worten.«

George Orwell

Roth bekleidet in dieser Zeit die Stellung des amerikanischen Head of Site Integrity und leitet mehrere Teams. Eines ist für die Entwicklung und Durchsetzung der Twitter-Regeln zuständig, ein anderes für Twitters Beitrag zu staatlich unterstützten Informationsoperationen. Wir werden ihm noch des Öfteren begegnen. Bei ihm handelt es sich um einen politischen und ideologischen Überzeugungstäter.

Ein zweites Beispiel für die Schwierigkeiten, auf die die Meinungsmanipulation in Wahlkampfzeiten trifft, ist im 21. Tweet vermerkt. Darin geht es ein weiteres Mal um den Versuch, die Verbreitung von Informationen zu Hunter Bidens Laptop und der darauf gespeicherten, überaus heiklen Daten zu unterdrücken. Allerdings: »Roths Bericht an das FBI/DHS/DNI ist in seinem selbstgeißelnden Ton fast schon eine Farce: ›Wir haben die NYP-Geschichte blockiert und dann entsperrt (aber das Gegenteil behauptet) … comms[113] ist wütend, Reporter denken, wir sind Idioten … kurz gesagt, FML (fuck my life).‹«[114]

Taibbi zeichnet in der dritten Tranche der Twitter Files darüber hinaus nach, wie die »Führungskräfte die Kriterien oft auf subjektive Aspekte hin erweiterten, wie etwa Absicht (ja, das Video ist authentisch, aber *warum* wurde es gezeigt?), Ausrichtung (wurde ein verbotener Tweet in verurteilender oder unterstützender Absicht gezeigt?) oder Rezeption (hat ein gemachter Witz »Verwirrung« gestiftet?).« (3, Tweet 34).

Was nun Donald Trump betrifft, so ist er eines der Hauptziele der bunten Glaubenskrieger bei Twitter. Trump wird »noch eine Woche vor der Wahl ›sichtbar gefiltert‹«. Obgleich hochrangige Führungskräfte keinen bestimmten Verstoß vorliegen haben, sorgen sie umgehend dafür, dass ein ziemlich harmloser Trump-Tweet nicht »beantwortet, geteilt oder geliked« werden konnte.« (3, Tweet 36) Aber es ist nicht allein Trump, der zum Opfer von Twitters Machenschaften wird. Der Schauspieler James Woods zieht ebenfalls den Hass der Twitter-Gewaltigen auf sich: »Nachdem Woods wütend über Trumps Warnhinweis getwittert hatte, verzweifelten die Twitter-Mitarbeiter … [auf der Suche nach] einem Grund zum Handeln, beschlossen aber, ›ihn in Zukunft hart zu treffen‹.« (3, Tweet 38)[115] So sind sie, die neuen Menschenfreunde: Auf berechtigte Kritik antworten sie mit irrationaler Eskalation.

Es passt in dieses Bild, dass, während man peinlichst genau auf die Nichtverbreitung von Postings achtet, die einen möglichen Wahlbetrug durch die Demokraten thematisieren, man zeitgleich die Verbreitung der entgegengesetzten Behauptung genehmigt, wonach Trump die Wahl stehlen würde. (3, Tweet 41)[116] Wir sehen die Lüge am Werk.

Am 10. Dezember 2020, rund 7 Wochen nach der umstrittenen Wahl Joe Bidens, erfolgt die nächste Eskalation seitens der Slack-Gruppe. An diesem Tag, »als Trump gerade dabei war, 25 Tweets abzufeuern, in denen Dinge standen wie: ›Vor unseren Augen findet ein Putsch statt‹, kündigten Twitter-Führungskräfte ein neues ›L3 Deamplification‹-Tool an. Dieser Schritt bedeutete, dass ein Warnhinweis jetzt auch mit Deamplification einhergehen könnte:« (3, Tweet 45)[117] Also mit der signifikanten Einschränkung der Reichweite, und zwar ohne dass Trump etwas davon mitbekommt. (3, Tweet 46)[118]

Nachdem Taibbi abschließend noch einmal die verschiedenen Maßnahmen zur Unterdrückung bestimmter Informationen vorstellt – einen Bot, der auf Stichwort selbstständig Antworten liefert, Label, die über Aussagen gelegt werden und diese unsichtbar machen und so weiter –, sind wir mit dem 57. Tweet am Ende dieser 3. Tranche und damit am Ende des Vorspiels zur Sperrung des Trump-Kontos angelangt. In ihm fasst Taibbi das Kommende schon mal zusammen: »Die Führungskräfte der Firma versuchten am ersten Tag der Krise vom

6. Januar zumindest Lippenbekenntnisse zu ihrer schwindelerregenden Reihe von Regeln abzulegen. Am zweiten Tag begannen sie zu schwanken. An Tag 3 wurden eine Million Regeln auf eine reduziert: Was wir sagen, gilt!« (3, Tweet 57)[119]

Kapitel 4:
6.–8. Januar 2021

Der 4. Teil der Twitter Files stammt aus der Feder von Marc Shellenberger und befasst sich in rund vierzig Mitteilungen mit den bislang geheim gehaltenen Hintergründen zu der Sperrung des Kontos von Donald Trump.

Über die spezifischen Ereignisse hinaus vermittelt uns diese Tranche zudem einen Eindruck von der grundsätzlichen Rechtsvergessenheit und politischen Willkür der Vertreter der Neuen Weltordnung und wie groß ihre Macht bereits ist. Denn wir dürfen nie vergessen, wen die Twitter-Führung mundtot zu machen versucht: die mächtigste Institution der Welt, ja sogar der Weltgeschichte. Niemals zuvor, nicht einmal zu Zeiten der großen Herrscher Ägyptens, Persiens oder Roms hat ein Pharao, Großkönig oder Kaiser über eine derartige Machtfülle verfügt wie ein Präsident der Vereinigten Staaten. Wer wollte und vor allem wer könnte ihm, dem Weltsheriff, den Mund verbieten? Bis zu den Tagen zwischen dem 6. und 8. Januar 2021 ist das lediglich eine rhetorische Frage. Nun aber müssen wir erfahren, dass es darauf anscheinend doch eine Antwort gibt: die Mächte der Neuen Weltordnung. Wie diese dabei vorgehen, zeigt uns Shellenberger in der vierten Lieferung.

Nach einer Zusammenfassung der drei vorhergehenden Veröffentlichungen und dem inzwischen fast obligatorischen Verweis auf die

Sturm auf das Kapitol am 6. Januar 2021

»Revolutionen mit Rosenwasser sind nicht möglich.«

Nicolas Chamfort

bessere Vergangenheit, in welcher sich der Kurznachrichtendienst noch nicht als Zensurzentrale im Dienste der Neuen Weltordnung verstanden hat (4, Tweet 6)[120], kommt der Journalist zum Wesentlichen.

Im Anschluss an die Ereignisse vom 6. Januar 2021, als sich Tausende Trump-Anhänger, teils in bizarren Kostümen, gewaltsam Zutritt zum Kapitol verschaffen, »wächst der interne und externe Druck auf den Twitter-CEO @jack [Dorsey, Anm. d. Autoren). Die ehemalige First Lady @michelleobama , die Tech-Journalistin @karaswisher, @ADL [(Anti-Defamation League, Anm. d. Autoren]), High-Tech-VC, @ChrisSacca und viele andere fordern öffentlich auf Twitter, Trump dauerhaft zu sperren. (4, Tweet 7)[121] Diese Aufrufe erreichen Jack Dorsey in Polynesien, wo er zwischen dem 4. und dem 10. Januar seine Ferien verbringt. Von hier aus nimmt er zwar an Telefonkonferenzen teil, jedoch hat er einen Großteil seiner Arbeit während des Urlaubs an Yoel Roth und Vijaya Gadde delegiert. (4, Tweet 8)[122] Und die wissen ihre Macht zu nutzen. Vor allem Yoel Roth, der sich ganz offensichtlich in der Rolle eines antifaschistischen Heilands sieht. Diesen Schluss lassen zumindest zwei von Shellenberger zitierte Tweets von Roth zu. Der eine stammt von 2017 und behauptet, dass es »TATSÄCHLICH NAZIS IM WEISSEN HAUS« gebe; in dem anderen vom April 2022 verkündet er halbmessianisch, »sein Ziel sei es, ›den Wandel in der Welt voranzutreiben‹, weshalb er sich entschied, kein Akademiker zu werden.« (4, Tweet 10)[123]

Roth kann sich bei seinem Kreuzzug gegen die freie Rede und für die »eine, bunte Welt« auf seine Mitarbeiter verlassen. Schließlich wähnen sich diese ebenfalls auf der richtigen Seite der Geschichte. Shellenberger belegt dies anhand eines in Tweet 9 enthaltenen Screenshots, der offenlegt, dass in »den Jahren 2018, 2020 und 2022 [...] 96 %, 98 % und 99 % der politischen Spenden von Twitter-Mitarbeitern an die Demokraten« gegangen sind. (4, Tweet 9)[124]

Angesichts dieser Zahlen kann man sich die Aufregung vorstellen, welche die Nachricht von Jack Dorsey ausgelöst hat, die am 7. Januar die Mitarbeiter aus Polynesien erreicht. Darin besteht er darauf, »dass Twitter seine Richtlinien konsequent einhalten muss, einschließlich des Rechts der Benutzer, nach einer vorübergehenden Suspendierung zu Twitter zurückzukehren«. Daraufhin lässt Roth die Kollegen wissen, »dass ›Menschen, denen das wichtig ist, nicht damit zufrieden sind, wo wir stehen‹«. (4, Tweet 11)[125] Dass der Druck, unter den Jack Dorsey mit seiner regelbasierten Einstellung gerät, gewaltig gewesen sein muss, verraten die nächsten beiden Tweets. Sie berichten vom Einknicken eines der drei Twitter-Väter vor der geballten Macht der moralisch besseren Emporkömmlinge. (4, Tweet 12 und 13)[126]

Dies ist die Stelle, die wir etwas weiter oben bereits angesprochen haben. Jack Dorsey ist seine Auflehnung gegen den totalitären Furor seiner Kollegen hoch anzurechnen. Selbst wenn er damit letztendlich scheitert, so müssen wir doch anerkennen, dass er wenigstens noch über ein Restverständnis hinsichtlich der Bedeutung der Meinungsfreiheit für eine demokratische Gesellschaft verfügt.

Dass Yoel Roth selbiges gänzlich abgeht, können wir gleich darauf feststellen. Auf die Frage eines Kollegen, ob nach Dorseys Einknicken »Trump endlich verboten werden kann«, antwortet Roth zunächst mit einem »Nein« und dem Verweis, dass Trump noch einen verbleibenden Strike[127] hätte, bevor dies geschehen könne. (4, Tweet 14)[128] Doch das ist nur Fassade. In Wirklichkeit sind Trumps Tage auf dem Kurznachrichtendienst bereits gezählt. Das machen die beiden Tweets 27 und 28 klar. In Tweet 27 heißt es:»Gegen Mittag schickt ein verwirrter leitender Angestellter im Anzeigenverkauf eine DM an Roth. Vertriebsleiter: ›Jack sagt: ‚Wir werden [Trump] dauerhaft sperren, wenn nach einer 12-stündigen Kontosperre gegen unsere Richtlinien verstoßen wird‘ … von welchen Richtlinien spricht Jack?‹ Roth: ›*JEDER* Richtlinienverstoß‹.« (4, Tweet 27)[129] Im darauffolgenden Tweet lesen wir:»Vertriebsleiter: ›Lassen wir jetzt die Richtlinie für ‚öffentliches Interesse‘ fallen …‹ Roth, sechs Stunden später: ›In diesem konkreten Fall ändern wir unseren Public-Interest-Ansatz für seinen Account …‹«. (4, Tweet 28)[130] Für Roth genießen die von Twitter selbst aufgestellten Richtlinien offenkundig keine Priorität, wenn es um die höhere, gute Sache geht. Wie wenig sie ihn interessieren, unterstreicht der Tweet 33, in dem Shellenberger Roth zitiert:»Richtlinien sind [nur] ein Teil des Systems, wie Twitter funktioniert … Wir mussten feststellen, dass sich die Welt schneller verändert, als wir in der Lage waren, entweder das Produkt oder die Richtlinien anzupassen.« (4, Tweet 33)[131]

Am nächsten Tag, dem 8. Januar 2021, ist es dann so weit. Der noch amtierende, demokratisch gewählte Präsident der Vereinigten Staaten wird von Twitter dauerhaft gesperrt. Begründung: »Gefahr weiterer Anstiftung zur Gewalt«. (4, Tweet 15)[132] Außerdem beruhe die Sperrung darauf, »wie [Trumps Tweets] empfangen und interpretiert werden«. Das ist entweder hanebüchener Unsinn oder ein kaltblütiger Anschlag auf die Grundfesten der Meinungsfreiheit. In jedem Fall aber ist es zutiefst freiheitsfeindlich. Kein Sender kann dafür verantwortlich gemacht werden, wie der Empfänger mit der Nachricht umgeht. Wer dennoch darauf besteht und daraus die Berechtigung ableitet, zu bestimmen, wer etwas wie sagen darf, dem geht es nicht darum, andere vor angeblicher sprachlicher Gewalt zu schützen. Dem geht es darum, andere zu unterdrücken und sich zum Herrscher über die veröffentlichte Meinung aufzuschwingen. Nichts hat weniger mit Demokratie und Freiheit zu tun.

Mit der Sperrung von Donald Trumps Twitter-Account und denen vieler Zehntausend seiner Unterstützer am 8. Januar 2021 ist der inhaltliche Höhepunkt der vierten Tranche der Twitter Files erreicht. Die sich anschließenden Tweets geben weitere Beispiele von dem sich in diesen Tagen etablierenden radikalen Meinungslenkungsregime, dessen Ziel es ist, »verbotene Tweets auszumerzen«. (4, Tweet 21)[133] Außerdem wird deutlich, dass die Twitter-Mitarbeiter keineswegs blauäugig handeln, sondern sich sehr wohl darüber im Klaren sind, was die Sperrung von Trumps Account bedeutet.

Dennoch nimmt die Abschaltorgie nach dem 6. Januar rasch Fahrt auf, allerdings läuft sie keineswegs ohne Störung ab. Der eine oder andere Mitarbeiter gerät in eine ideologische und moralische Zwickmühle: »Was ist, wenn ein Benutzer Trump nicht mag *und* [dennoch] Einwände gegen Twitters Zensur erhebt? Der Tweet wird trotzdem gelöscht. Da es aber nicht die *Absicht* ist, das Wahlergebnis zu leugnen, wird kein Strafstrike verhängt.« (4, Tweet 26)[134]

Aber es regt sich auch ernsterer Widerstand gegen die Trump-Sperrung. So schreibt ein Mitarbeiter:»Dies mag eine unpopuläre Meinung sein, aber mit einmaligen Ad-hoc-Entscheidungen wie dieser, die nicht in der Politik [des Unternehmens, Anm. d. Autoren] verwurzelt zu sein scheinen, begeben wir uns meiner Meinung nach auf dünnes Eis … Jetzt sieht es so aus, als habe sich ein Onlineplattform-CEO mit globaler Präsenz selbst dazu ermächtigt, die freie Rede weltweit zu regulieren.« (4, Tweet 18)[135] Doch dabei belässt es dieser Mitarbeiter nicht. In weiteren Wortmeldungen merkt er überaus kritisch an, es könne der Eindruck entstehen,»dass alle … Internet-Moguln … herumsitzen wie Könige und beiläufig entscheiden, was die Leute sehen können und was nicht.« (4, Tweet 35)[136] Um seine Ansicht zu unterstützen, verweist er auf einen Artikel von Will Oremus, einem Journalisten der *Washington Post*. (Tweet 36)[137] In ihm beschreibt Will Oremus das Grundproblem sozialer Medien damit, dass »die dominierenden Plattformen sich schon immer gescheut haben, sich zu ihrer Subjektivität zu bekennen, weil dies die außergewöhnliche, uneingeschränkte Macht unterstreichen würde, die sie über die globale Öffentlichkeit ausüben …« (4, Tweet 37)[138] »Also verstecken sie sich hinter einem sich ständig ändernden Regelwerk, verweisen abwechselnd darauf, wenn es angebracht ist, und kehren es unter den nächsten Teppich, wenn dem nicht so ist.« (4, Tweet 38)[139] Was Oremus hier im Kleinen für die sozialen Medien konstatiert, lässt sich, wie wir noch sehen werden, problemlos auf das Große, nämlich die Beseitigung von Demokratie, Rechtsstaat und Freiheit zugunsten einer totalitären Neuen Weltordnung übertragen.

Kapitel 5:
Informationslenkung und
Meinungsmanipulation

Für den 5. Teil der Twitter Files zeichnet erneut Bari Weiss verantwortlich. Um zum Kern ihrer Arbeit zu gelangen, müssen wir ein weiteres Mal weit nach unten scrollen. Bis zum 44. von insgesamt 46 Tweets. Darin heißt es: »Es geht um die Macht einer Handvoll Leute in einem Privatunternehmen, den öffentlichen Diskurs und die Demokratie zu beeinflussen.« (5, Tweet 44)[140]

Wie genau die Verantwortlichen bei Twitter und deren Mitarbeiter dabei vorgehen, erklärt die renommierte Journalistin, indem sie sich noch einmal in die Twitter-interne Kommunikation rund um die Sperrung des Trump-Kontos am 8. Januar vertieft. Und sie geht gleich in medias res. Am Morgen dieses Tages verfasst der damalige, noch amtierende US-Präsident zwei Tweets. (5, Tweet 1)[141] Wie wir gesehen haben, lauern Yoel Roth und seine Gesinnungsgenossen im Kurznachrichtendienst zu diesem Zeitpunkt nur auf eine Gelegenheit, dem noch amtierenden Staatsoberhaupt einen letzten Strike anzuhängen, um ihn dauerhaft sperren zu können.

Trumps erster Tweet um »6:46 a.m.« lautet: »Die 75 000 000 großartigen amerikanischen Patrioten, die für mich, AMERICA FIRST und MAKE AMERICA GREAT AGAIN gestimmt haben, werden noch lange in der Zukunft eine RIESENSTIMME haben. Sie werden in keinster Weise missachtet oder unfair behandelt!!!« (5, Tweet 2)[142] 58 Minuten später geht dann der zweite Trump-Tweet online: »7:44 Uhr: ›An alle, die gefragt haben, ich werde nicht zur Einweihung am 20. Januar gehen.‹« (5, Tweet 3)[143]

Was für einen Nichtideologen trivial klingt, vor allem im Vergleich zu Trumps anderen Wortmeldungen, sorgt unter der Twitter-Belegschaft für heftige Reaktionen. Zwar gibt es auch jetzt Mitarbeiter, die ein Problem damit haben, das Präsidentenkonto zu inaktivieren. So schreibt einer von ihnen am 7. Januar:»›Vielleicht weil ich aus China komme … verstehe ich nur zu gut, wie Zensur das öffentliche Gespräch zerstören kann.‹« (5, Tweet 7)[144] Doch solche Stimmen sind in der absoluten Minderheit. Den Ton geben die ideologischen Falken innerhalb der Twitter-Belegschaft an. Sie sind vielmehr verärgert darüber, dass Trump nicht schon längst gesperrt worden ist. (5, Tweet 8)[145] Das geht so weit, dass sich Twitter-Mitarbeiter nach dem 6. Januar zusammenrotten, um von ihrem Arbeitgeber die Sperrung von Trump zu verlangen. (5, Tweet 9)[146] Am frühen Nachmittag des 8. Januar veröffentlichen 300 Twitter-Mitarbeiter in der *Washington Post* schließlich einen offenen Brief an CEO Jack Dorsey, in dem sie die Sperrung Trumps öffentlich fordern.»Wir müssen die Komplizenschaft von Twitter an dem untersuchen, was der gewählte Präsident Biden zu Recht als Aufstand bezeichnet hat.« (5, Tweet 11)[147]

Die Angelegenheit ist umso pikanter, als man sich sehr wohl darüber im Klaren ist, dass eine Löschung des Trump-Kontos nur gegen die eigenen Richtlinien durchzusetzen ist. (5, Tweet 10)[148] Spätestens seit dem Zeitpunkt, an dem ein Team von Twitter-Mitarbeitern, die mit der Untersuchung der beiden Trump-Tweets vom Morgen des 8. Januars beauftragt sind, zu dem Ergebnis kommt, dass»Trump *nicht* gegen die Richtlinien von Twitter verstoßen hatte«. (5, Tweet 12)[149]

Was folgt, ist, je nach Sichtweise, ein für die frühen 2020er-Jahre beispielhaftes Narren- oder Meisterstück der ideologischen und politischen Informationslenkung und damit Meinungsmanipulation.

Wie Bari Weiss enthüllt, weisen die Mitglieder des Prüfungsteams immer wieder darauf hin, dass Trump mit seinen Tweets nicht gegen die Twitter-Richtlinien verstoßen hat. Und das in einem zunehmend verzweifelten Tonfall. Bis sich schließlich eines der Teammitglieder dazu genötigt sieht, die Ergebnisse der Untersuchung im »Wahlkanal« publik zu machen. (5, Tweet 15)[150]

Doch es hilft alles nichts. Nicht einmal 90 Minuten nach der Entlastung Trumps durch das Prüfungsteam fragt die ebenfalls schon erwähnte Vijaya Gadde, »ob es sich tatsächlich um eine ›codierte Anstiftung zu weiterer Gewalt‹ handeln könne.« (5, Tweet 26)[151] Die Antwort lässt nicht lange auf sich warten. Ein paar Minuten später ergeht der Vorschlag, den Begriff »amerikanische Patrioten« als Bezug auf die Randalierer vom 6. Januar und damit als Gewaltverherrlichung einzustufen. (5, Tweet 27)[152] »Von da an eskalieren die Dinge«, schreibt Weiss. Die Entscheidungsträger betrachten Trump ab jetzt »als Anführer einer terroristischen Gruppe … die, vergleichbar mit dem Schützen von Christchurch oder Hitler, für Gewalt/ Todesfälle verantwortlich ist, weshalb er auf dieser Grundlage und der Gesamtheit seiner Tweets von der Plattform entfernt werden sollte.« (5, Tweet 28)[153]

Diese Aussage, die durch einen Screenshot der Slack-Unterhaltung belegt ist, macht sprachlos. Sie ist nur durch den geifernden Hass der Trump-Gegner zu erklären. Anders ist nicht zu begreifen, wie man darauf kommen kann, einen der ersten Präsidenten seit Generationen, der keinen Krieg begonnen oder eskaliert hat, mit einem Amokläufer oder einem Menschheitsverbrecher zu vergleichen. Wer aber glaubt, mit diesem haarsträubenden Unsinn sei der Gipfel des Irrsinns erreicht, der wird in Tweet 30 der 5. Lieferung durch Yoel Roth eines Besseren belehrt: »Mehrere Tweeps [Twitter-Mitarbeiter] haben die Banalität des Bösen[154] zitiert und damit insinuiert, dass

Menschen, die unsere Richtlinien umsetzen, wie Nazi-Befehlsempfänger agieren [...].« (5, Tweet 30)[155]

Um den Vorwurf der Gewaltverherrlichung seitens der Twitter-Führung und -Belegschaft gegenüber Trump in ihrer ganzen Absurdität zu zeigen, präsentiert Weiss im Mittelteil der 5. Tranche eine Reihe von Tweets brutaler Tyrannen, die in der Tat lupenreinen Hass und ebensolche Hetze via Twitter betreiben. Nicht nötig zu erwähnen, dass sie dies ungestört von den Sittenwächtern der Neuen Weltordnung tun können.

Obwohl es sich bei Trump weder um einen Gewaltherrscher noch um einen Antisemiten vom Schlage des iranischen Revolutionsführers Ali Khamenei handelt, scheitert auch der letzte Versuch Jack Dorseys, seine Kollegen und Mitarbeiter zu mäßigen. »Eine Stunde später verkündet das Unternehmen Trumps dauerhafte Suspendierung ›aufgrund der Gefahr weiterer Anstiftung zu Gewalt‹.« (5, Tweet 32)[156] Damit ist der Präsident der Vereinigten Staaten auf Twitter kaltgestellt, die Taliban hingegen können ungehindert weiterposten. Man sieht schnell, auf welcher Seite der bunte Weltgeist steht.

Es überrascht nicht, dass die große Mehrheit der Twitter-Mitarbeiter ob ihres Sieges über die Meinungsfreiheit in Jubel ausbricht. Das sieht man weltweit durchaus anders. Eine Vielzahl von Regierungschefs zeigen sich skeptisch. Selbst Angela Merkel meldet sich zu Wort. Obgleich sie wahrscheinlich gar nicht verstanden hat, wie zynisch die von ihrem Sprecher verlautbarte Stellungnahme klingt: »Das Grundrecht auf Meinungsfreiheit ist ein Grundrecht von elementarer Bedeutung. In dieses Grundrecht kann eingegriffen werden, aber entlang der Gesetze und innerhalb des Rahmens, den der Gesetzgeber definiert – nicht nach dem Beschluss der Unternehmensführung von Social-Media-Plattformen.«[157] Das aus dem

Munde der Leute, die das Netzwerkdurchsetzungsgesetz initiiert und durchgesetzt haben!

Wie nicht anders zu erwarten, ändern all diese mehr oder weniger fadenscheinigen Bekenntnisse irgendwelcher Regierungschefs zur Meinungsfreiheit nichts an der Entscheidung der Twitter-Führung. Wer über die Macht verfügt, den US-Präsidenten eines seiner wichtigsten Kommunikationsmittel zu berauben, der braucht sich vor dem Widerspruch von Mittelmächten nicht zu fürchten. Abgesehen davon weiß man in der Twitter-Führung sehr wohl, dass die im Ausland geäußerten Bedenken zu diesem Vorgang nicht ernst gemeint, sondern nur pflichtschuldig vorgetragene Phrasen sind.

Twitter Files, Kapitel 6–9: Einflussnahmen

Im Folgenden werden wir die Tranchen 6–9 der Twitter Files etwas kürzer und in nur einem Kapitel behandeln. Der Grund dafür ist der Umstand, dass sich diese Teile sehr detailliert mit der US-amerikanischen Innenpolitik befassen. Wir sind der Meinung, dass die genaue Aufschlüsselung der Ereignisse rund um dieses Thema für den deutschen Leser wenig ergiebig ist und nur von den wichtigen Erkenntnissen ablenkt. Nämlich jenen, die uns das hinter den Personen und Institutionen stehende System der politischen und ideologischen Einflussnahme im Dienste der Neuen Weltordnung erkennen und verstehen helfen.

Kapitel 6 samt Ergänzung:
Twitter und
die Sicherheitsbehörden

Die 6. Veröffentlichung, erstellt von Matt Taibbi, umfasst 45 Tweets. Hinzu kommt, genauso wie bei den ersten Veröffentlichungen, ein Ergänzungsteil mit zusätzlichen 13 Tweets. Sie haben in der Hauptsache die Zusammenarbeit von Twitter und diversen US-amerikanischen Sicherheitsbehörden zum Thema.

Nun ist die Kooperation zwischen sozialen Medien und Sicherheitskräften nichts grundsätzlich Neues. Seitdem die Neuen Medien existieren, zapfen Polizei und Geheimdienste diese an, um Erkenntnisse für die Strafverfolgung und/oder Terrorabwehr zu gewinnen. Neu aber ist, dass FBI, Heimatschutzministerium und andere Dienste regelrechte »schwarze Listen« an Twitter übermitteln; sie enthalten jene Accounts, die einer gründlicheren »Moderation« durch die Tweeps bedürfen, was in der Regel nichts anderes heißt, als dass diese Konten zu sperren, in der Reichweite einzuschränken oder sonst wie zu sanktionieren sind. Das FBI etwa nimmt damit direkten Einfluss auf die Inhalte, deren Nutzer und Daten. Ein ungeheuerlicher und zutiefst freiheitsfeindlicher Vorgang.

Zwar versteht es die Bundespolizei, dabei durchaus Druck auf die Twitter-Verantwortlichen auszuüben. Beispielsweise kündigt das FBI, unzufrieden mit den Ergebnissen der Twitter-Überprüfungen in Sachen russischer Propaganda, im Juli 2020 bei Yoel Roth einen diesbezüglichen Fragebogen an. (6a, Tweet 2)[158] Jedoch kann man sich auf den Opportunismus der Twitter-Führung verlassen. Die weiß, was von ihr verlangt wird, und so bemüht sich Roth umgehend darum, den Verdacht, Twitter könnte die Propaganda feindlicher Staaten nicht als Gefahr ansehen, zu widerlegen (6a, Tweet 9 und 10)[159], obwohl alle Twitter-internen Untersuchungsergebnisse das Gegenteil beweisen.

Der Fairness halber sei allerdings erwähnt, dass diese vom FBI übermittelten Listen auch die Accounts von Trumps Gegnern enthalten haben. Allerdings nutzen die Tweeps in solchen Fällen ihre Entscheidungskompetenz, um diese Konten unbehelligt zu lassen. Wie rigoros das FBI indes bei der Erstellung der Listen zu Werke geht, davon zeugen die Wünsche der US-Bundespolizei, sogar offensichtlich humoristische und/oder satirische Tweets und Kanäle zu »moderieren«. Twitter erfüllt die Forderungen mehr oder weniger widerspruchslos, jedenfalls dann, wenn es die Kanäle von Trump-Anhängern betrifft. Bei Trump-Gegnern sieht die Sache anders aus. Das Verhalten der Twitter-Moderatorenteams veranlasst Matt Taibbi dann auch zu dem vernichtenden Urteil, dass Twitter das Tochterunternehmen des FBI sei. (6, Tweet 1)[160]

Kapitel 7:
Hunter Bidens Laptop

Dieser Verdacht erhärtet sich im 7. Teil der Twitter Files, erstellt von Michael Shellenberger, in dem es erneut um Hunter Bidens verlorenen Laptop geht.

Seinen Ausgang nimmt der Skandal Anfang Dezember 2019, als ein gewisser John Paul Mac Isaac, Inhaber eines Computerladens, das FBI benachrichtigt: Er sei im Besitz des MacBooks von Hunter Biden, dem Sohn des früheren US-Vize- und heutigen US-Präsidenten Joe Biden. Er habe den Kontakt zur Bundespolizei aufgenommen, weil er bei der Sichtung der Festplatte potenziell kriminelle Inhalte ent-

Hunter Biden,
Verlierer des wichtigsten Laptops
im 21. Jahrhundert

deckt zu haben glaubt, zum Beispiel Hinweise auf illegale Geschäfte mit den Machthabern in der Ukraine oder in China. Daraufhin lädt das FBI Mac Isaac am 9. Dezember samt dem Laptop vor und nimmt bei dieser Gelegenheit das Gerät an sich. (7, Tweet 4)[161]

Was folgt ist – nichts. Oder besser gesagt: Stille. Nach dem 9. Dezember 2019 hört Mac Isaac nichts mehr vom FBI. Im August 2020 reicht es ihm. Er wendet sich an den einflussreichen ehemaligen republikanischen Oberbürgermeister von New York und aktiven Unterstützer von Donald Trump, Robert Giuliani. Der wiederum gibt die Informationen von Mac Isaac Anfang Oktober 2020 an die *New York Post* weiter (7, Tweet 5)[162], welche wiederum die Story am 14. Oktober 2020 veröffentlicht. (7, Tweet 8)[163] Damit ist das Schweigekartell der Vertreter der Neuen Weltordnung gebrochen.

Dennoch oder gerade deshalb tut Twitter alles in seiner Kraft Stehende, um die Verbreitung der Nachrichten über Hunter Bidens Laptop
zu unterbinden, und zwar unter eifriger Mithilfe des FBI, das vor allen
Dingen darauf besteht, die bereits im Netz kursierenden diesbezüglichen Informationen und Nachrichten als russische Desinformationskampagne zu denunzieren (7, Tweet 12)[164], und das nachweislich wider besseren Wissens:»Bei unseren Ermittlungen«, so der FBI-Agent
Elvis Chan später,»haben wir keine ähnlichen konkurrierenden Eingriffe wie 2016 festgestellt.« Damit ist gemeint, dass eine genaue und
abschließende forensische Untersuchung der auf dem Gerät befindlichen Daten ergeben hat, dass keine fälschenden Eingriffe stattgefun-
den haben und somit der Laptop von Hunter Biden tatsächlich einen
Beweis für die Korruption im Weißen Haus unter Joe Biden darstellt.
Und auch die Führungskräfte von Twitter wissen um die Lüge hinter
der von ihnen verbreiteten Propaganda hinsichtlich einer russischen
Desinformationskampagne. (7, Tweet 15)[165]

Dass eine so enge Verbindung zwischen Kurznachrichtendienst
und Bundespolizei besteht, ist den Recherchen von Michael Shellenberger nach kein Zufall. Denn:»Ab 2020 arbeiteten so viele ehemalige FBI-Mitarbeiter – ›Bu-Alumni‹ – bei Twitter, dass sie ihren
eigenen privaten Slack-Kanal und einen Spickzettel erstellt hatten,
um neue FBI-Ankömmlinge einzuarbeiten.« (7, Tweet 29)[166] Zwei
Namen tauchen im Zusammenhang mit den Meinungs- und Infor-
mationsmanipulationen immer wieder auf: Jim Baker, ehemaliger
FBI-Chefjustiziar und »Deputy General Counsel« bei Twitter, sowie
Dawn Burton, früherer stellvertretender Stabschef, der seit 2019
den Posten des »Director of Strategy« beim Kurznachrichtendienst
bekleidet. Sie beide stehen im Mittelpunkt der Versuche, die nachweislich richtigen Informationen aus Hunter Bidens MacBook als
Russenpropaganda zu brandmarken. So ist, wie Shellenberger offenlegt, Baker der einzige Tweep mit höchster Sicherheitsfreigabe, der

mit dem FBI direkte Gespräche über den Biden-Laptop führt. Dazu passt laut Shellenberger, dass Bakers persönliche Intervention zu der Entscheidung Twitters geführt hat, die Story nicht zu verbreiten. Nicht anders ist das anbiedernde Dankschreiben von Baker an seine alten Freunde in Langley zu verstehen: »Am Ende funktionierte die Einflusskampagne des FBI, die sich an Führungskräfte von Nachrichtenmedien, Twitter und andere Social-Media-Unternehmen richtete: Sie zensierten und diskreditierten die Laptop-Story von Hunter Biden.

Am 11. Dezember 2020 schickten Baker und seine Kollegen sogar eine Danksagung an das FBI für seine Arbeit.« (7, Tweet 45)[167]

Kapitel 8:
Twitter und das Militär

Während sich die 7. Lieferung der Twitter Files mit den Verbindungen und Verstrickungen der Bundespolizei und der Inlandgeheimdienste beschäftigt, erweitert die 8. Tranche den Blick ins Ausland. Denn Twitter ist nicht nur den ideologisierten Sicherheitsbehörden im Innern bei der Jagd auf missliebige Informationen und Meinungen ein willfähriger Helfer, sondern auch dem Militär. Jedenfalls nach den Recherchen von Lee Fang, der für Teil 8 der Twitter Files seine Ergebnisse in 21 Tweets und einem Artikel offenlegt.

Demnach ist der Kurznachrichtendienst tief in sogenannte PsyOps verstrickt. Diese Abkürzung stammt aus dem Militärischen und meint *psychological operations*, was man mit psychologischer Kriegsführung übersetzen kann. In der Praxis heißt das: Destabilisierung der inneren Verhältnisse eines Feindstaates durch verdeckte Propaganda. In Anbetracht dessen liegt es auf der Hand, warum sich das US-Militär, genauer gesagt das »Regionalkommando Naher Osten, Ost-Afrika und Zentrales Asien« (CENTCOM) so sehr um Twitter bemüht.

Freilich braucht es nicht viel Überredungskünste seitens der Armee, den Kurznachrichtendienst dazu zu veranlassen, die eigenen Regeln (mal wieder) über Bord zu werfen und so verdeckte Aktivitäten des US-Militärs direkt zu unterstützen. (8, Tweet 1)[168] In erster Linie geschieht dies über ein riesiges Netzwerk gefälschter Accounts und verdeckter Propagandakanäle des Verteidigungsministeriums. Die Twitter-Führung ist über die Existenz und Machenschaften der Konten im Bilde – und sperrt sie dennoch nicht. (8, Tweet 8)[169] Stattdessen fluten die verdeckten Propagandakanäle die vom CENTCOM überwachten Regionen mit antiiranischer, antirussischer oder antichinesischer Propaganda.

Wie ein von Fang erwähnter Bericht des Stanford Internet Observatory offenlegt, schreckt man dabei auch nicht vor offensichtlichen Lügen zurück. Demnach setzt ein verdecktes Propagandanetzwerk des US-Militärs unter anderem auf Twitter gefälschte Bilder und Memes gegen ausländische US-Gegner zu seinen Zwecken ein. (8, Tweet 14)[170] Als Beispiel nennt Feng die nachweisliche Falschmeldung, der Iran bedrohe »›die Wassersicherheit des Irak und überschwemme das Land mit Crystal Meth‹ und (entnehme) die Organe afghanischer Flüchtlinge« (8, Tweet 15)[171]

Abschließend kommt Feng in der 8. Tranche zu dem Ergebnis: »Der Umgang mit dem verdeckten Netzwerk des US-Militärs steht in krassem Gegensatz zu dem Umstand, dass Twitter sich seit 2016 damit brüstet, verdeckte Konten, die mit staatlich unterstützten Beeinflussungsoperationen in Verbindung stehen, schnell zu identifizieren und zu löschen, darunter Thailand, Russland, Venezuela und andere.« (8, Tweet 20)

In der Psychologie spricht man immer dann von »Projektion«, wenn man die eigenen Taten und Absichten kurzerhand anderen unterstellt. Um genau diesen Vorgang scheint es sich hier zu handeln. Unnötig zu erwähnen, dass Projektionen zwar bei jedem gesunden Individuum auftreten können, in Häufung aber auf schwere Defizite und Pathologien hinweisen.[172] Wir werden diesem Thema im zweiten Teil des Buches noch Aufmerksamkeit schenken.

Kapitel 9 und 9a:
Nicht nachweisbare russische Propaganda

Doch es sind, wie der 9., einmal mehr von Matt Taibbi verfasste Teil demonstriert, beileibe nicht nur FBI und Militär, die sich des Kurznachrichtendienstes als Meinungslenkungsinstrument bedienen: »Die Akten zeigen, dass das FBI als Türsteher im Dienste eines umfangreichen Programms zur Überwachung und Zensur sozialer Medien fungiert, das Behörden in der gesamten Bundesregierung umfasst – vom Außenministerium über das Pentagon bis hin zur CIA.« (9, Tweet 4)[173] Im Endeffekt sind es so viele Einflüsterer der Neuen Weltordnung, dass selbst Twitter irgendwann den Überblick verliert. (9, Tweet 6)[174]

Das Bild, das sich uns bietet, ähnelt denen, die wir in den vorangegangenen Twitter-Akten bereits gesehen haben. Gremien werden gegründet, welche die sozialen Medien, und hier insbesondere Twitter, von einem Marktplatz der Ideen in eine ideologisch und politisch sterile Echokammer der Neuen Weltordnung umgestalten sollen. Im Konkreten geht es um die Behauptung der Einflussnahme fremder Nationen (sprich: Russland) auf den Wahlkampf in den USA. Wie wir bereits gesehen haben, und wie es Matt Taibbi im 9. Teil der Twitter Files ein weiteres Mal belegt, ist an dem Vorwurf nichts dran. Denn

»Eine Grundlage für die Vermittlung von
Medienkompetenz ist, zu verstehen, wie Öffentlichkeit
strukturiert ist und welche Normen und Regeln
in welcher öffentlichen Sphäre gelten.«

Bundeszentrale für politische Bildung

die Anschuldigung stammt erwiesenermaßen aus dem Wahlkampf-team von Hillary Clinton.[175] Das wissen auch die Twitter-Verant-wortlichen und melden sich zaghaft zu Wort (9, Tweet 32)[176], geben zu guter Letzt aber immer wieder nach. Das heißt, selbst wenn sich bei einem oder mehreren »verdächtigen« Accounts keinerlei Russ-landverbindungen nachweisen lassen, veranstaltet man dennoch ein »Brainstorming«, »um [doch noch] eine stärkere Verbindung zu fin-den«. (9, Tweet 32)[177]

Die neunzehnteilige mit »Notes« überschriebene Ergänzung der 9. Tranche nutzt Taibbi, um noch einmal klarzustellen, dass ihn und seine Kollegen bei den Twitter Files keine parteipolitischen oder ideo-logischen Motive antreiben: »Dies ist kein linkes oder rechtes Projekt. Das, was mich interessiert, nämlich wie diese Unternehmen als Ge-heimdienstarmee vereinnahmt wurden, ist eher eine Frage von Zu-kunft/Dystopie als Blau/Rot. Aber diese Geschichte ist schwer zu ver-kaufen, also kriegen wir den üblichen Blödsinn ab.« (9a, Tweet 3)[178]

Im Folgenden sucht er die Unparteilichkeit des Projektes anhand verschiedener Beispiele zu unterstreichen. Ob die Sklaven der Neuen Weltordnung ihm das abnehmen, daran darf ein begründeter Zweifel bestehen. Immerhin haben wir es hier mit einem Glaubenssystem zu tun, das nur Anhänger und Ketzer kennt.

Fazit: Die Tranchen 6 bis 9a geben uns einen Einblick, wie Zensur in den 2020er-Jahren vonstattengeht. Es braucht nicht mehr unbe-dingt Gesetze oder Verordnungen, um der freien Rede den Garaus zu machen. Es reicht die Kooperation zwischen ideologisierten Regie-rungsbehörden und gleichgesinnten Privatunternehmen wie Twitter. Gemeinsam nehmen sie die Meinungsfreiheit in die Zange, bearbei-ten und zersetzen sie so lange, bis aus dem ehemaligen Fundament der Demokratie ein elender stinkender Sumpf geworden ist.

Twitter Files, Kapitel 10:
Corona

Das vorherige Kapitel noch vor Augen, können wir uns nun des 10. Teils der Twitter Files annehmen, dem wir uns wieder ausführlicher widmen wollen. Denn während die Teile 6–9 vornehmlich inneramerikanische Zustände betreffen, haben wir es bei der 10. Veröffentlichung mit einem weltweiten, vor allem aber deutschen Problem zu tun. Warum, verrät die Überschrift dieser von David Zweig erstellten und 41 Tweets umfassenden Tranche:»WIE TWITTER DIE COVID-DEBATTE MANIPULIERTE«. (10, Tweet 1)[179]

Um allerdings Missverständnissen vorzubeugen: Im 10. Teil der Twitter Files behandelt Zweig ebenfalls ausschließlich inneramerikanische Vorgänge zu dem Thema. Jedoch sind die Parallelen zum deutschen Coronaregime zu offensichtlich, um eine rein zufällige Duplizität der Ereignisse anzunehmen. Im Gegenteil, wir werden ein System erkennen, welches zwar von den USA aus initiiert worden ist, in der Bunten Republik aber seine willigsten und fanatischsten Helfer findet. Kein Wunder, können wir doch davon ausgehen, dass die deutsche Regierung, die Administration Biden sowie die überwältigende Mehrheit der Tweeps dem »Team Neue Weltordnung« zuzurechnen sind.

Der Gerechtigkeit halber wollen wir erwähnen, »dass sowohl die Trump- als auch die Biden-Administration die Twitter-Führungskräfte dazu gedrängt haben, die Pandemieinhalte der Plattform nach ihren Wünschen zu moderieren.« (10, Tweet 5)[180] Allerdings gibt es einen

Unterschied. Die Intervention der Regierung Trump dient der Vorbeugung und Eindämmung von Hamsterkäufen. Zu diesem Zweck sucht sie »laut Sitzungsnotizen« um »»Hilfe der Technologieunternehmen[181] zur Bekämpfung von Fehlinformationen‹« an. (10, Tweet 6)[182]

Als Joe Biden ins Weiße Haus einzieht, ändert sich der Tonfall radikal. Hat Trump noch versucht, Panik vorzubeugen, lautet die Agenda der Biden-Regierung, Panik zu schüren: »Haben Sie große Angst vor Covid und tun Sie genau das, was wir sagen, um sicher zu bleiben.«[183] Das besondere Augenmerk des Weißen Hauses liegt dabei auf der Unterdrückung von Nachrichten und Accounts, die sich kritisch mit der Coronaimpfung auseinandersetzen. (10, Tweet 8)[184] Keine Information soll Zweifel an jenem herrschaftlichen Narrativ wecken und nähren, das auch in Deutschland, in der Sektion D der Neuen Weltordnung, nur allzu gern verbreitet wird: Die Impfung ist nebenwirkungsfrei.

Wie die bunten Sittenwächter bei der Umwandlung des ehemaligen Marktplatzes der Ideen zu einem Aufmarschplatz der Guten zu Werke gehen, beschreibt Zweig in den folgenden Tweets am Beispiel des US-amerikanischen Autors Alex Berenson. Berenson ist kein Unbekannter; auf Twitter folgen ihm immerhin mehrere Hunderttausend Accounts. Dennoch zählt er mit dieser Reichweite keineswegs zu den Großen auf dem Kurznachrichtendienst. Nur zum Vergleich: Barack Obama verfügt im Januar 2023 über rund 133 310 000 Follower, Cristiano Ronaldo über 107 090 000 und die Sängerin Ariana Grande über 85 270 000.[185] Andererseits ist Berenson aber auch kein Niemand und genießt als Meinungsmultiplikator innerhalb des politmedialen Komplexes Bedeutung. In Ungnade gefallen ist er aufgrund seiner via Twitter vorgebrachten Kritik an jenem Großflächenversuch mit einem neuartigen, nicht erprobten Impfstoff, der seit dem zweiten Halbjahr 2020 läuft. Dass er sich dabei keineswegs auf

Verschwörungstheorien beruft oder gar Fake News verbreitet, sondern seine Ansicht auf valide wissenschaftliche Erkenntnisse stützt, hilft ihm und den vielen anderen gesperrten oder in ihrer Reichweite beschränkten Accounts nicht viel. Zweig weist immer wieder auf die Löschung von Tweets hin, obwohl sie faktisch korrekt sind. So auch im Fall Berenson. Nachdem Biden im Sommer 2021 erklärt, die sozialen Medien würden Menschen töten, weil sie angebliche Fake News zuließen, dauert es nicht lange, und Berenson wird auf Twitter dauerhaft gesperrt. (10, Tweet 9)[136]

Der Schriftsteller wiederum lässt sich das nicht bieten und verklagt den Kurznachrichtendienst. Letztlich einigen sich die beiden Streitparteien auf einen Vergleich. Wichtiger aber ist, dass im Verlauf des Prozesses das ganze Ausmaß der Einflussnahme des Weißen Hauses auf Twitter deutlich wird. So schreibt Lauren Culbertson, Head of Government Affairs US & Canada bei Twitter, in einer Zusammenfassung über die Gespräche mit dem Weißen Haus, dass sich die Biden-Administration »sehr verärgert« gezeigt habe, da Twitter bei der Beschneidung der freien Rede nicht so durchgreift, wie es sich das Weiße Haus wünscht. (10, Tweet 12)[187]

Man mag den Twitter-Führungskräften an dieser Stelle (wieder einmal) positiv zugutehalten, dass sie über diese oder jene Tweet- oder Kontolöschung länger diskutierten, als der Regierung lieb gewesen ist. (10, Tweet 12)[188] Im Endeffekt jedoch müssen wir (wieder einmal) gemeinsam mit David Zweig konstatieren, dass »Twitter Meinungen unterdrückte – darunter viele von Ärzten und wissenschaftlichen Experten –, die im Widerspruch zu den offiziellen Positionen des Weißen Hauses standen. Dadurch gingen legitime Erkenntnisse und Fragen verloren, die die öffentliche Debatte erweitert hätten.« (10, Tweet 14)[189]

»Vielleicht ist die Hölle nichts als eine
gewaltige Konferenz derer, die wenig oder nichts zu
sagen haben, aber eine Ewigkeit dafür brauchen.«

Dudley C. Stone

Als Ursache dafür macht Zweig drei Gründe aus. Den ersten sieht
er in sogenannten Bots, also Computerprogrammen, die auf Stichwort automatische Antworten kreieren, dabei allerdings noch fehler-
behaftet sind. Zum Zweiten sieht er gewisse Vertragsunternehmen
von Twitter (etwa in Indien oder Pakistan) als Schwachstelle an. In
diesen sind Nichtfachleute als Supportmitarbeiter tätig, die anhand

vorgefertigter Entscheidungsbäume über die Richtigkeit schwieriger medizinischer Sachverhalte urteilen sollen. Als dritten und entscheidenden Grund für die von Twitter durchgeführten Löschorgien identifiziert Zweig jedoch eindeutig diejenigen, welche die Bots füttern und die Entscheidungsbäume erstellen. Sie sitzen an den Hebeln der Macht; in ihren Händen liegt letztendlich, was die Welt zu sehen bekommt und was nicht. Bei Twitter sind diese so wichtigen Posten bis zur Übernahme durch Elon Musk mit Ideologen aus dem »Team Neue Weltordnung« besetzt. Und die sorgen für Ordnung im Sinne des Regenbogens.

David Zweig zählt im Folgenden eine Reihe von Twitter-Löschungen und -Sperrungen auf, die erfolgten, obwohl, wir haben es schon erwähnt, die Inhalte der betroffenen verdächtigen Tweets jeder wissenschaftlichen Überprüfung standhielten. Für uns sind diese Fälle insofern interessant, als hier ein Muster erkennbar ist, das sich ohne Weiteres auch auf die Ereignisse in der Bunten Republik zu jener Zeit anwenden lässt.

Mit den Medizinern Paul Brandenburg und Sucharit Bakhdi sowie dem Journalisten Boris Reitschuster seien nur drei besonders prominente Twitter-Nutzer genannt, deren Accounts mindestens einmal wegen angeblicher Verbreitung von Fake News und ganz im Sinne des Coronadiktats gesperrt worden sind, wobei wir unter dem Begriff Fake News sogenannte Verschwörungstheorien zu verstehen haben, die, wie die P(l)andemie gezeigt hat, 6 Monate nach ihrem Auftauchen Wirklichkeit werden. Wie viele Konten beispielsweise aufgrund der sogenannten Wuhan-Lab-Theorie gesperrt wurden, ist unklar. Wichtiger ist, dass der Annahme, das Coronavirus sei aus einem chinesischen Forschungslabor entwichen, mittlerweile vom Weißen Haus selbst Glauben geschenkt wird.[190] In der Zwischenzeit aber werden diejenigen, die nicht dem gerade herrschenden Narrativ zu folgen bereit sind, seitens des politmedialen Komplexes und seiner Mitläufer weiterhin mit Hass und Hetze überzogen, auch und gerade auf dem Kurznachrichtendienst, der sich, ähnlich der Bundespressekonferenz, während der Covidp(l)andemie zu einem reinen Verlautbarungsorgan des bunten, geimpften Zeitgeistes entwickelt. Stellvertretend dafür sei in diesem Zusammenhang ein (noch eher harmloser) Tweet von Karl Lauterbach vom 25. November 2021 erwähnt, in dem er auf einen Post von Sahra Wagenknecht schreibt: »Peinlich, ganz ehrlich. Der ›vorsichtige Ungeimpfte‹ existiert nicht. Wer sich nicht impfen lässt, ist grundsätzlich nicht vorsichtig. Er riskiert das Leben anderer Menschen.«[191] Was Lauterbach hier sagt, ist nichts anderes, als dass Menschen, die auf ihr Recht auf körperliche Unversehrtheit bestehen, für die deutsche Regierung potenzielle Mörder sind. Überflüssig zu erwähnen, dass diese Ungeheuerlichkeit von Lauterbach keine negativen Konsequenzen für ihn gehabt hat. Im Gegenteil dürfte die Verbreitung von Nachrichten dieser Art auf Twitter noch gefördert worden sein. Vergessen wir nicht, wie eng die Bundesregierung und der Kurznachrichtendienst zusammenarbeiten. Hierzu sei nochmals an die Konferenz zwischen den Regierenden und dem deutschen Ableger am 2. Juni 2020 hinsichtlich des gewünschten Informationsflusses erinnert.[192] Was im Falle Ungarn seitens der Orbán-Kritiker als Zeichen einer gelenkten Demokratie gewertet wird, ist in der Bunten Republik gelebte Normalität.

Twitter Files,
Kapitel 11–14

Wir werden später, genauer gesagt bei Teil 15 der Twitter Files, erneut auf den Themenkomplex Corona zurückkommen, wollen uns aber zuvor einen Überblick über die Tranchen 11–14 verschaffen.

Kapitel 11:
Fremdgesteuert

Die 11. Veröffentlichung, wiederum aus der Feder von Matt Taibbi, beinhaltet 33 Tweets und entlarvt Twitter endgültig als Instrument in den Händen der Neuen Weltordnung. Wir sehen, wie stark der Druck ist, den Sicherheitsbehörden und die Politik im Verbund mit den Medien auszuüben imstande sind. Und wir werden Zeuge, wie die US-amerikanischen Schlapphüte mehr und mehr die Entscheidungen des Kurznachrichtendienstes bestimmen.

Es ist der Sommer 2017, etwas mehr als 9 Monate, nachdem mit der Wahl von Donald Trump zum Präsidenten das Undenkbare Wirklichkeit geworden ist. Einer kurzen Schockstarre folgt hektische Betriebsamkeit. Bari Weiss formuliert dies in ihrem Rücktrittsbrief an die *New York Times* so: »Aber die Lektionen, die aus der Wahl hätten folgen sollen – Lektionen über die Wichtigkeit, andere Amerikaner zu verstehen, die Notwendigkeit, sich dem Tribalismus zu widersetzen, und die zentrale Bedeutung des freien Austausches von Ideen für eine demokratische Gesellschaft –, wurden nicht gelernt. Stattdessen hat sich in der Presse, aber vielleicht besonders in dieser

Zeitung, ein neuer Konsens herausgebildet: Wahrheit ist kein Prozess des kollektiven Entdeckens mehr, sondern eine Orthodoxie, welche von ein paar wenigen Erleuchteten von vornherein gewusst wird, deren Aufgabe es ist, alle anderen zu informieren.«[193] Das bedeutet: Ein Narrativ muss her. Eines, das im besten Fall die Niederlage durch den Mythos von einem »gestohlenen Wahlsieg« ersetzt, und so dem gewählten Präsidenten die Legitimation entzieht.

Und was eignet sich besser dafür als eine Verschwörung seitens Putins und seiner Hacker? Deren angebliche Machenschaften rund um massenhaft gestreute Falschnachrichten, die angeblich die Wahl beeinflusst hätten, machen fortan die Runde in den Verlautbarungsorganen der Neuen Weltordnung.

Für die sozialen Medien und insbesondere für Twitter bedeutet dies, die entsprechenden Daten zu liefern, also Informationen über verdeckte russische Netzwerke. Das Problem ist nur: Es gibt sie nicht. »Im September 2017 teilte Twitter dem Senat nach einer oberflächlichen Überprüfung mit, dass es 22 mögliche russische Konten und 179 weitere mit ›möglichen Verbindungen‹ zu diesen Konten gesperrt habe, inmitten einer größeren Gruppe von etwa 2700 manuell untersuchten Verdächtigen.« (11, Tweet 6)[194] Beim wichtigsten Vertreter der Demokratischen Partei im Geheimdienstausschuss, Senator Mark Warner aus Virginia, löst diese Nachricht einen Wutanfall aus, in dessen Verlauf er Twitter unverhohlen mit Konsequenzen droht. (11, Tweet 7)[195] So kommt es dann auch. Sukzessive wird der Druck erhöht. Zuerst über die Geheimdienste, welche die Twitter-Führungskräfte drängen, endlich Beweise für russische Wahlkampfmanipulationen zu liefern. Als das nichts bringt und immer noch keine *smoking gun* in Händen Putins aufzutreiben ist, beginnt eine konzertierte Aktion des politmedialen Komplexes. Das heißt konkret: Zunächst zieht die Politik die Schraube an. Hillary Clinton, eine der fanatischsten Kämpferinnen für die Neue Weltordnung, gibt dabei die Richtung vor: »Es ist an der Zeit, dass Twitter aufhört zu zögern und dass es der Tatsache Rechnung trägt, dass seine Plattform als Werkzeug benutzt wird für Cyber-Kriegsführung.« (11, Tweet 10)[196] Daraufhin reagiert Twitter, wie nicht anders zu erwarten: »Mit wachsender Besorgnis hinsichtlich seiner PR-Probleme hat Twitter eine ›Russland-Taskforce‹ gebildet, um proaktiv Selbstuntersuchungen durchzuführen.« (11, Tweet 11)[197]

Als aber auch das nichts bringt und es weiterhin nicht gelingt, russische Propagandanetzwerke auf Twitter nachzuweisen« (11, Tweet 13)[198], treten die Medien auf den Plan: In den Wochen nach der Drohung von Senator Warner ergießt »sich eine Flut von Geschichten aus Quellen des Intel-Ausschusses in die Nachrichten«. (11, Tweet 19)[199] Und welcher Tenor da vorherrscht, verdeutlicht Taibbi am Beispiel des US-Magazins *Politico*, in dem der Johns-Hopkins-Professor und Experte des Geheimdienstausschusses Thomas Rid sagt: »Wäre Twitter ein Auftragnehmer des FSB ... sie hätten keine effektivere Desinformationsplattform aufbauen können‹.« (11, Tweet 20)[200]

Wüsste man nicht, dass die Twitter-Führung im Ringen um die Neue Weltordnung in der vordersten Reihe steht, könnte sie einem fast leidtun. Erst bemüht man sich nach Kräften, den Anforderungen zu genügen, und dann wird man trotzdem noch als 5. Kolonne Moskaus und Büttel Putins denunziert. Und als wäre dies nicht genug, droht auch noch der Kongress mit Gesetzen, die Twitter im wahrsten Sinne des Wortes teuer zu stehen kommen. (11, Tweet 20)[201]

Und so geschieht, was geschehen muss. Der Kurznachrichtendienst gibt nach. »Twitter entschied sich bald für seine künftige Haltung.

In der Öffentlichkeit entfernten sie Inhalte ›nach unserem alleinigen Ermessen‹. Privat nahmen sie alles ›von Bord, das von den US-Ge-

heimdiensten als staatliche geförderte Einrichtung, die Cyberopera-
tionen durchführt, identifiziert wurde.‹« (11, Tweet 31)[202]

Kapitel 12:
Spielball der Mächtigen

Dazu passend, erhärtet der 12. Teil der Twitter Files (Matt Taibbi)
den Verdacht, dass es sich bei Twitter seit dem zweiten Jahrfünft der
2010er-Jahre um eine Tochtergesellschaft des FBI sowie der Geheimdienste und »besseren« Kreise handelt. Oder soll man sagen: um einen Spielball? Denn diesen Eindruck vermittelt uns Taibbi, indem er
schreibt: »Anfragen kamen von überall, und ihre Zahl erhöhte sich
sprunghaft: vom Finanzministerium, der NSA, praktisch jedem Bun-
desstaat, dem HHS, vom FBI und DHS und mehr.« (12, Tweet 26)
Die Art der Anfragen sind vielfältig, sie reichen bis zu Löschungs-
wünschen einzelner Beamter, die den Inhaber eines angeprangerten
Kontos nicht leiden können. (12, Tweet 27)[203]

Wie bei den anderen von uns oben beschriebenen Einflussnahmen regt
sich auch diesmal Widerstand gegen die Vereinnahmung des Kurznachrichtendienstes durch die Regierung und interessierte Kreise. Da
wir angesichts der Vorgänge zwischen dem 6. und 8. Januar 2021 (siehe Seite 78 f.) davon ausgehen können, dass hinter der Renitenz der
Twitter-Führung gewiss keine Leidenschaft für die Meinungsfreiheit
steht, liegt es nahe, die Gründe für diese schon mehrfach beschriebenen, halb garen Auflehnungen in der Angst vor dem Machtverlust im
eigenen Haus zu vermuten. Letztlich ist es allerdings müßig, sich darüber Gedanken zu machen. Fest steht, die Tweeps hatten keine Chance gegen die Phalanx aus Sicherheitsdiensten, Regierungsbehörden
und Medienhäusern: »[…] die Zeiten, in denen Twitter zu ernsthaften
Anfragen Nein sagen konnte, waren vorbei.« (12, Tweet 30)[204]

Kapitel 13:
Dr. Gottlieb vs. Alex Berenson

Die 13. Tranche der Twitter Files ist nicht nur die kürzeste, sondern zudem die für unser Anliegen am wenigsten ergiebige Quelle. Die vier Tweets und ein verlinkter Artikel von Alex Berenson schildern die Versuche Dr. Scott Gottliebs, einem Direktor des Pharmaunternehmens Pfizer mit 550 000 Followern auf Twitter, die Tweets zweier Impfskeptiker löschen zu lassen. Der eine ist Dr. Brett Giroir, ein Kinderarzt, der pikanterweise erst kurz zuvor Gottlieb als Chef der Food and Drug Administration (FDA) nachgefolgt ist. Sein Verhängnis ist ein Tweet, in dem er richtigerweise konstatiert, »dass die natürlich erworbene Immunität der Impfimmunität überlegen sei«. Gottlieb bescheinigt dem Tweet, »ätzend« zu sein, und befürchtet, dass er »viral gehen könnte«. (13, Tweet 2)[205], weshalb er die Löschung fordert.

Der andere Impfkritiker, der ins Visier von Gottlieb gerät, ist Alex Berenson selbst. Wir haben seinen Fall bereits erwähnt. Als jemand, der mit seiner Skepsis gegenüber der neuartigen mRNA-Impfung nicht hinter dem Berg hält, hat es Twitter schon früh auf ihn abgesehen. Berenson wird gesperrt. Er verklagt Twitter und vergleicht sich schließlich mit dem Kurznachrichtendienst.

Was wir aus diesem Teil mitnehmen können, ist die Erkenntnis, dass zum wiederholten Male wissenschaftliche Experten mundtot gemacht werden, während die orthodoxe Meinung jeden nonkonformen Gedanken zu Corona als wissenschaftsfeindlich brandmarkt. In Zukunft wissen wir, was wir von solchen Parolen zu halten haben.

Kapitel 14:
Noch einmal Russland

Um Wiederholungen zu vermeiden, schreiten wir also voran zum 14. Teil der Twitter Files. In ihm nimmt sich Taibbi in 41 Tweets noch einmal des Themas »Russia Gate« an. Also dem Versuch, das Narrativ, dem nach Wladimir Putin als derzeitiger Erzbösewicht die Welt und vor allem die USA mit Falschmeldungen überschwemmt, mit aller Macht durchzusetzen.

Spätere Historikergenerationen werden dereinst seriös beurteilen können, wie sich die antirussische US-Propaganda via Twitter zum

Wladimir Putin

»Freunde nennen sich aufrichtig, Feinde sind es.«

Arthur Schopenhauer

Krieg in der Ukraine verhält. Sie werden über Informationen verfügen, die aktuell noch streng geheim sind. Das ermöglicht es ihnen, Zusammenhänge festzustellen, die uns, als Zeugen der Geschichte, derzeit verborgen bleiben. Daher ist es uns unmöglich, die von Taibbi zutage geförderten Machenschaften der US-Regierung hinsichtlich ihrer geschichtlichen Bedeutung oder Nichtbedeutung fundiert zu beurteilen.

Fest steht allerdings, dass diese vertiefte Offenlegung der staatlich durchgesetzten antirussischen Propaganda kein gutes Licht auf die Sicherheitsbehörden und die Biden-Administration wirft. Es ist der wichtigsten und stärksten Demokratie der Welt schlicht unwürdig, wie das in den USA fast schon geheiligte Recht auf freie Meinungsäußerung seitens FBI, CIA, NSA oder welcher Behörde auch immer mit Füßen getreten wird. Falschnachrichten werden verbreitet, Tweet-Löschungen ebenso durchgesetzt wie Kontosperrungen. Dabei »warnte Twitter sowohl Politiker als auch Medien, dass es nicht nur an Beweisen fehle, sondern dass Beweise dafür vorlägen, dass die Konten nicht russisch seien – und wurden durchweg ignoriert. (14, Tweet 4)[206] Aber derlei Widerspruch gehört schon zum Ritual, Bedeutung hat er nicht. Man ignoriert solche Meldungen und behauptet einfach Gegenteiliges. Exemplarisch dafür führt Taibbi den Senator von Connecticut namens Richard Blumenthal an, der mit maximalem Pathos schreibt: »Wir finden es verwerflich, dass russische Agenten unschuldige Amerikaner so eifrig manipuliert haben.« (14, Tweet 10)[207]

Was auffällt: Blumenthal und weitere Vertreter der unwahren Behauptung, Putin hätte die US-Wahl 2020 in entscheidender Weise beeinflusst, greifen, wie in Tranche 14 gezeigt, vor allem auf ein und dieselbe Quelle zu: »das Hamilton-68-Dashboard[208], das vom ehemaligen FBI-Spionageabwehrbeamten Clint Watts unter der Schirmherrschaft der Alliance for Securing Democracy (ASD) erstellt wurde«. (14, Tweet 11)[209] Bei der ASD handelt sich um eine neoliberale »überparteiliche Initiative, die beim German Marshall Fund der Vereinigten Staaten angesiedelt ist« und »umfassende Strategien entwickelt zur Abschreckung, Abwehr und Erhöhung der Kosten für autokratische Bemühungen, welche die Untergrabung von demokratischen Institutionen zum Ziel haben«.[210] Woher hier der ideologische Wind weht, das demonstriert die Zusammensetzung des Beirates: Wir finden darin frühere Direktoren und Stellvertreter von CIA, NSA und Heimatschutzministerium, zudem den neokonservativen Autor Bill Kristol, oder den ehemaligen US-Botschafter in Moskau McFaul sowie John Podesta, den früheren Wahlkampfleiter von Hillary Clinton, der derzeit den Posten eines Chefberaters für saubere Energie und Klimafragen in der Biden-Administration bekleidet. Podesta ist im Übrigen auch der Mann, der die Twitter-Führung in Sachen Trump-Sperrung unter Druck gesetzt hat.

Angesichts dessen fällt es nicht schwer, die wirklichen Motive derer herauszulesen, die sich angeblich so sehr um die Demokratie sorgen. Denn selbstverständlich hat es ein echter Demokrat nicht nötig, erstens das Gegenteil von dem zu behaupten, was faktisch nachweisbar ist. Und zweitens käme ein echter Demokrat niemals auf die Idee, die Wähler für Idioten zu halten. Nichts anderes aber tun Blumenthal und seine Gesinnungsgenossen, wenn sie meinen, dem US-amerikanischen Wähler nur gefilterte Nachrichten zumuten zu können. Nein, hier sprechen keine Demokraten, hier spricht die Neue Weltordnung.

Twitter Files, Kapitel 15:
BioNTech
und Hamilton 68

Ganz genau erschließt sich uns nicht, warum Matt Taibbi die 15. Tranche in zwei Teile teilt, und nicht zwei eigenständige Veröffentlichungen daraus macht. Denn obwohl beide inhaltlich durchaus miteinander verbunden sind, ist jedes der beiden Unterkapitel derart brisant, dass es sicherlich Sinn ergeben hätte, den zweiten Teil der Nummer 15 als 16 zu führen. Aber das ist Haarspalterei, kommen wir zur Sache.

Kapitel 15, Teil 1:
BioNTech

Damit sind wir beim 15. und damit letzten Teil der Twitter Files angelangt, den wir einer genaueren Untersuchung unterziehen wollen, wobei es die von Lee Fang erstellte Lieferung aus 15 Tweets und einem Artikel zum Abschluss noch einmal in sich hat: »Wie die Pharmaindustrie soziale Medien dazu einsetzte, Inhalte rund um die Impfpolitik zu gestalten.« (15, Tweet 1)[211] Aber das ist nicht alles, im Zentrum dieser Tranche stehen jene beiden Firmen, die wie keine anderen mit dem bunt-deutschen Coronaregime verbunden sind: Pfizer und BioNTech.

Doch was ist passiert? Alles beginnt mit einer E-Mail am 12. Dezember 2020. Die BioNTech-Direktorin für externe Kommunikation,

Jasmina Alatovic, schreibt darin an Nina Morschhäuser, ihres Zeichens verantwortlich für Öffentlichkeitsarbeit bei Twitter Deutschland, dass sie tags zuvor einen Hinweis auf eine am 14. Dezember startende Onlinekampagne von Aktivisten erhalten hätten. Diese würden »im Namen einer ›gerechten‹ Impfstoffverteilung« (15, Tweet 5)[212] die Aufhebung des Patentschutzes für die mRNA-Impfstoffe von BioNTech und deren freie Weitergabe an ärmere Länder fordern.

Aus heutiger Sicht, da die schweren Nebenwirkungen der Gentherapie kaum noch zu verheimlichen sind, mag man die Länder, die vergeblich um Impfstoffe gebettelt haben, dazu beglückwünschen. In den ersten Monaten der Pandemie aber sieht die Lage noch anders aus. Lee Fang schreibt:»2020 war klar, dass die Pandemie einer schnellen Innovation bedurfte. Schon früh wurde versucht, eine Lösung gerecht zu gestalten: in Form einer internationalen Partnerschaft zum Austausch von Ideen, Technologien und neuen Formen der Medizin, um diese Krise schnell zu lösen.« (15, Tweet 2)[213]

»Aber«, so Lee Fang im darauffolgenden 3. Tweet,»globale Pharmariesen sahen die Krise als Chance für beispiellose Gewinne. Hinter verschlossenen Türen startete die Pharmaindustrie einen massiven Lobbying-Angriff, um alle Bemühungen zur gemeinsamen Nutzung von Patenten/IP für neue covidbezogene Medikamente, einschließlich Therapeutika und Impfstoffen, zunichte zu machen.« (15, Tweet 3)[214]

Doch zurück zur E-Mail von Jasmina Alatovic an Nina Moschhäuser. Um sich gegen Kritik an ihrer wenig menschenfreundlichen, dafür aber umso gewinnfixierteren Impfpolitik zu wappnen, sucht die BioNTech-Verantwortliche um Hilfe bei Twitter nach:»Im Rahmen der Onlinekampagnen wird etwa dazu aufgerufen, BioNTech und unsere Geschäftsführer über soziale Medien zu kontaktieren. Könnten Sie uns helfen, unseren BioNTech-Twitter-Account am Sonntag für 2 Tage zu ›verstecken‹, sodass Kommentare etc. nicht mehr möglich sind?« (15, Screenshot Tweet 5)[215] Frau Moschhäusers Reaktion lässt nicht lange auf sich warten. Tags darauf, am 13. Dezember, weist sie das Twitter-Moderationsteam an, in diesem Sinne tätig zu werden. (15, Screenshot Tweet 6)[216] Das heißt, Hashtags wie #PeoplesVaccine sowie die Konten von BioNTech, Pfizer, AstraZeneca und Moderna werden überwacht, auf dass die Impfstoffhersteller von Kritik an ihrem Vorgehen unbehelligt bleiben.

Anhand dieses kleinen Beispiels werden mehrere für Demokraten höchst beunruhigende Dinge deutlich. Zum einen, dass es offensichtlich keiner Begründung mehr bedarf, Konten überwachen oder Tweets sperren zu lassen. Frau Moschhäuser jedenfalls bringt in ihrer Nachricht an das Moderatorenteam keine solche vor. Zudem weist, laut der Autorin und Publizistin Tara Grimm, die »Ausweitung der zu ›schützenden‹ Accounts auf Pfizer, Moderna und AstraZeneca darauf hin, dass es – ähnlich wie in den USA – auch in Deutschland einen direkten Draht zwischen Regierungsbehörden und dem Twitter-Management gab«.[217]

Ob es einen solchen direkten Draht tatsächlich gegeben hat, lässt sich derzeit nicht wasserdicht behaupten. Jedoch ist seit Längerem bekannt, dass sich während der Coronap(l)andemie mehrfach Vertreter des Gesundheitsministeriums mit Vertretern der Techgiganten getroffen haben, um die Verbreitung von Regierungsinformationen zu besprechen. Außerdem wissen wir von einem Geheimgipfel am 2. Juni 2020, an dem das Bundesinnenministerium, das Bundespresseamt, die wichtigsten Lobbyisten von Google und Facebook sowie Merkels Pressesprecher Steffen Seibert teilnehmen. Auf der Tagesordnung steht ein vertrauliches Gespräch über »die Corona-Pandemie und die in diesem Kontext zu beobachtende Verbreitung von Fehl-, Falsch- und Desinformationen«. Ziel ist es zu klären, »wie der damit verbundenen Herausforderung grundsätzlich begegnet werden kann«.[218] Das heißt auf gut Deutsch: die Säuberung der sozialen Medien von Informationen, Nachrichten und Meinungen, die dem Narrativ der Herrschenden gefährlich werden können oder Letzteren einfach nicht passen. Wenn Twitter in den diesbezüglichen Enthüllungen bis dato nicht ausdrücklich erwähnt wird, heißt das selbstverständlich nicht, dass der Kurznachrichtendienst von den Meinungsmanipulationen und Informationslenkungen durch deutsche Behörden nicht betroffen gewesen ist. Näher liegt der Schluss, dass man seitens der Repräsentanten der Sektion D der Neuen Weltordnung keinen Anlass sieht, an der Zuverlässigkeit von Twitter zu zweifeln.

Wie richtig sie damit liegen würden, belegen die folgenden Tweets der 15. Veröffentlichung. In ihnen demonstriert Lee Fang einmal mehr, wie die Beschneidung der Meinungsfreiheit in den frühen 2020er-Jahren funktioniert: »In einem separaten Vorstoß finanzierte die Lobbygruppe von Pfizer und Moderna (BIO) eine spezielle Kampagne zur Moderation von Inhalten, die von einem Auftragnehmer namens Public Good Projects entworfen wurde und mit Twitter zusammenarbeitete, um Regeln für die Moderation von Inhalten rund um Covid-›Fehlinformationen‹ festzulegen.« (15, Tweet 9)[219] 1 275 000 US-Dollar lässt sich BIO die Löschorgie kosten (15, Tweet 10)[220], bei der Moderna und Pfizer nicht müde werden, Twitter mit Listen von Tweets zu füttern, die entfernt oder überprüft werden sollen. (15, Tweet 12)[221] Was dann auch geschieht.

In scharfem Kontrast dazu steht das Verhalten der Zensoren, wenn sie mit offensichtlichen Falschnachrichten vonseiten des Coronaregimes konfrontiert sind, beispielsweise als große Pharmaunternehmen in Reaktion auf die oben erwähnte Onlinekampagne von Aktivisten die ökonomischen Risiken »der Entwicklung kostengünstiger generischer Covid-Impfstoffe stark übertrieben […].« (15, Screenshot Tweet 13)[222] Der im 13. Tweet als Beleg angeführte Screenshot ist nach wie vor aufrufbar, er wird von keinen Warnhinweisen begleitet oder durch Etiketten unkenntlich gemacht.[223] Zufall? Wohl kaum!

Mit dem ersten Teil des 15. Kapitels der Twitter Files greift das Team rund um Matt Taibbi und Bari Weiss erstmals über die Vereinigten Staaten hinaus. Sie legen damit offen, was sich jeder eigentlich schon denken konnte: Der Attacke auf die Meinungsfreiheit durch die Mächte der Neuen Weltordnung und damit deren Angriff auf den demokratischen Rechtsstaat inklusive aller individuellen Freiheiten ist kein ureigenes US-amerikanisches Problem, sondern ein globales.

Und es ist nach wie vor akut. Das zeigt der Fall Woody Harrelson. Der US-amerikanische Schauspieler, bekannt aus der Sitcom *Cheers* und zahllosen Hollywood-Filmen, wird gecancelt, als er einen Witz macht: Er habe, so schreibt er, vor Covid ein Drehbuch erhalten, in dem es um ein Komplott der Pharmagiganten mit der Regierung ging, bei dem den Bürgern das Verlassen ihrer Häuser verboten sei, würden sie bestimmte Medikamente nicht einnehmen. Er habe das Script abgelehnt, da einem ja niemand eine solche Story abkaufen würde. Das Establishment hingegen versteht bei diesem Thema keinen Spaß, reagiert vielmehr mit blinder Wut und cancelt Harrelson sowie das Magazin *Rolling Stone*, einst die Heimat von Hunter S. Thompson. Begründung: Der Witz sei eine Mischung aus Verschwörungstheorie und Wissenschaftsfeindlichkeit.[224]

Kapitel 15, Teil 2:
Hamilton 68

Im zweiten Teil der 15. Tranche beschäftigt sich Taibbi noch einmal mit den Verstrickungen der bereits erwähnten Gruppe »Hamilton 68« in die Meinungslenkung auf Twitter.

Hamilton 68 ist eine Initiative zur Bloßstellung von russischer Desinformation und Propaganda, die seit 2017 aktiv ist. Schnell aber wurde sie politisch instrumentalisiert und ist seitdem beinahe ausschließlich damit beschäftigt, unliebsame Äußerungen zu diskreditieren.[225]

Die Bedeutung dieser Veröffentlichung beschreibt Taibbi im 28. der insgesamt 42 Tweets: »Was diese Geschichte zu einer wichtigen macht, ist das schiere Ausmaß des Nachrichten-Fußabdrucks, den der digitale McCarthyismus von Hamilton 68 hinterlassen hat.« (15/2, Tweet 28)[226]

Der Begriff McCarthyismus bezieht sich auf eine Ära in der amerikanischen Innenpolitik, als es in den USA zwischen 1947 und 1956 zu antikommunistischen Säuberungswellen kommt. Namensgeber dieser Kampagne ist der republikanische Senator und stramme Antikommunist Joseph McCarthy. Taibbi trifft mit diesem Vergleich die derzeitige Situation sehr genau, nur dass sich die Vorzeichen geändert haben. Ist es zu Zeiten McCarthys die Angst vor kommunistischer Unterwanderung gewesen, die den damals schon existierenden politmedialen Komplex zur Hysterie treibt, ist es heute die Furcht vor der Wiedererweckung des Faschismus. Allerdings gibt es einen Unterschied: Der Sowjetkommunismus existierte und stellte eine reale Bedrohung für Frieden und Freiheit dar. Anders heute,

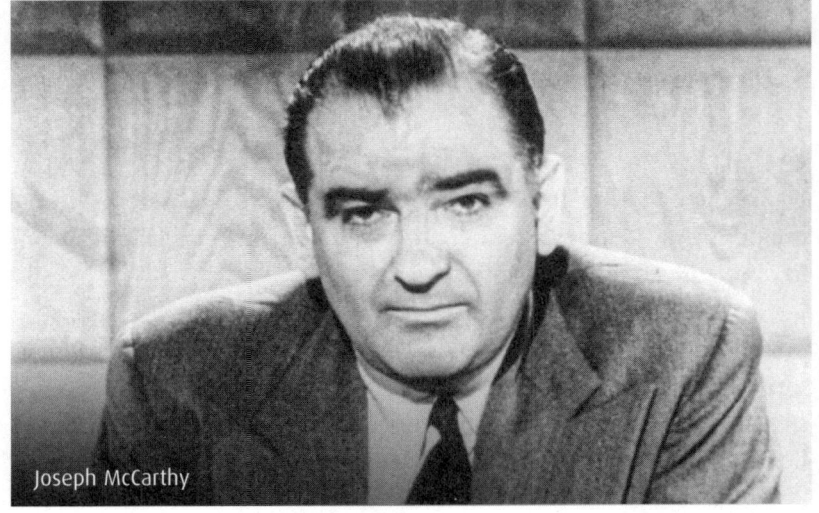

Joseph McCarthy

»Das ist das Schrecknis in der Welt,
schlimmer als der Tod,
dass die Kanaille Herr ist und Herr bleibt.«

Wilhelm Raabe

da dem bunten Antifa-Staat die Fa(schisten) ausgehen, sodass selbst die Spinnereien einer Reichsbürger-Rentnergang als versuchter, aber »glücklicherweise« vereitelter Umsturz herhalten müssen. Das zeigt: Je weniger wahr eine Behauptung ist, umso härter muss sie verteidigt werden. Das Narrativ steht über allem, und es muss mit allen Mitteln durchgesetzt werden.

Doch zurück zu Hamilton 68. Über diese Gruppe und ihre Vorgehensweise bei der Informationslenkung und Meinungsbildung im öffentlichen Raum schreibt Elon Musk: »Eine amerikanische Gruppierung tätigt falsche Behauptungen über russische Wahlbeeinflussung, um die amerikanischen Wahlen zu beeinflussen.«[227] Damit ist der zweite Teil der 15. Twitter-Akte perfekt in einem Satz zusammengefasst. Allerdings ist er zu lapidar formuliert, um die wirkliche Brisanz der Enthüllungen von Taibbi auf einen Blick zu erfassen. Denn damit erweist sich einer der zentralen Vorwürfe in der Delegitimierungskampagne gegen Donald Trump, nämlich die angebliche Beeinflussung der US-Präsidentenwahl durch Wladimir Putin, endgültig als gigantische Lüge. Mit ihr ist der globale Informationskrieg in eine neue Ära eingetreten. Wir haben es mit der ersten weltweit konzertierten Aktion der Mächte der Neuen Weltordnung gegen die Wirklichkeit zu tun. Seither steht die Wahrheit selbst auf dem Spiel. Sie ist das Ziel der bunten Priesterschaft und ihrer Mitstreiter, sie wollen sich ihrer bemächtigen.

Während wir inzwischen wissen, wie die Lüge von FBI, Politik und sonstigen interessierten Kreise mit allen Mitteln und gegen jedes Untersuchungsergebnis verteidigt wird, unterrichtet uns der zweite Teil der 15. Twitter Files darüber, von wem die Lüge ausgeht: eben von Hamilton 68. Diese Gruppe »war die Quelle für Geschichten, in denen behauptet wurde, russische Bots hätten unter anderem Begriffe wie »Deep State« oder Hashtags wie #FireMcMaster, #SchumerShutdown, #WalkAway, #ReleaseTheMemo, #AlabamaSenateRace und #ParklandShooting« (15/2, Tweet 9)[228] in den öffentlichen Diskurs eingebracht.

Wichtigstes Handwerkszeug ist von Beginn an eine Liste mit angeblich nur 600, tatsächlich aber 648 Twitter-Konten, »die mit russischen Einflussaktivitäten im Internet verknüpft« sind. (15/2, Tweet 10)[229] Allerdings bleibt diese Liste stets unter Verschluss, sodass die Berichterstatter über die angebliche russische Einflussnahme eigentlich zu keinem Zeitpunkt genau wissen, worüber sie eigentlich schreiben. Ein Umstand, der nach Kenntnis der vorherigen Twitter Files genauso wenig überrascht wie jener, dass die Untersuchungen der gelisteten Konten durch Twitter keinerlei Anhaltspunkte für russische Aktivitäten ergeben. (15/2, Tweet 13)[230] Ebenso gehört der anfängliche Widerstand der Twitter-Führung zum Ritual. Freilich fällt er diesmal verhältnismäßig resolut aus, zwischenzeitlich könnte man sogar meinen, die Twitter-Chefetage fühle sich tatsächlich der freien Rede verpflichtet. Jedoch befinden wir uns im Jahr 2018. Zu diesem Zeitpunkt sind die Mechanismen der Informationslenkung und Meinungsmanipulation, anders als 3 Jahre später, noch nicht vollends eingespielt. Überdies fehlte der Twitter-Führung »der Mut, Hamilton 68 öffentlich zu outen«.

Stattdessen versucht man es hintenrum und nimmt Kontakt mit Reportern auf. Doch es ist zwecklos, wie die künftige Sprecherin des Weißen Hauses und des National Security Council, Emily Horne, schreibt: »Es ist, als würde man ins Leere schreien.« (15/2, Tweet 33)[231] Ganz offensichtlich verfügt die Journaille damals noch über einen gefestigteren Klassenstandpunkt als die Tweeps. Darauf lässt jedenfalls die Beharrlichkeit schließen, mit der sie das Narrativ von der russischen Wahlpropaganda zugunsten Trumps durchzusetzen versuchen. Aber das holen Yoel Roth und seine Kollegen, wie wir ebenfalls gesehen haben, in den kommenden Jahren nach.

Die Parallelen zur Bunten Republik liegen auf der Hand, auch wenn sich auf Anhieb kein genaues Gegenstück zu Hamilton 68 finden lässt. Das liegt vor allem an der fehlenden Opposition in der Bunten Republik, sodass der Staat im Verband mit den angeschlossenen Medienhäusern und staatlich finanzierten Nichtregierungsorganisationen ganz offen Anspruch auf die Wirklichkeit erheben kann. Und in der kriegen Männer Kinder, gibt es keine deutsche Kultur und können Stahlwerke mit Windmühlen betrieben werden. Wie groß die Rolle ist, die Twitter bei der Etablierung und Durchsetzung noch so hirnrissiger Narrative spielt, zeigt nicht zuletzt die Empörung, die Elon

Musks Übernahme hervorgerufen hat. Aus bunter Sicht ist das nur zu verständlich, ist Twitter doch spätestens seit der Wahl von Donald Trump die schärfste Waffe der Neuen Weltordnung gewesen. Hier ist jene Gesinnung groß geworden, die heute die Freiheit eines jeden Einzelnen bedroht.

Wie systematisch Polizei, Geheimdienste, Parteien, Politiker und sonstige Interessengruppen bei der Ausmerzung unliebsamer Meinungen und Informationen vorgehen, das haben die ersten fünfzehn Kapitel der Twitter Files gezeigt. Zudem haben sie demonstriert, wie weit die Gesellschaftsklempner im Regenbogenkostüm bereits vorangeschritten sind.

Das Internet ist in der Tat kaputt, nur anders, als es Evan Williams, einer der drei Twitter-Gründer, meint. Aus dem großen Freiheitsversprechen ist ein Instrument der Tyrannei geworden.

Teil 2

Die vier Dimensionen der Twitter Files

Im ersten Teil der Twitter Files sind wir Zeugen geworden, wie sich seit dem US-Präsidentschaftswahlkampf 2016 interessierte Kreise – genauer gesagt: die Mächte der Neuen Weltordnung – den Kurznachrichtendienst Twitter untertan gemacht haben. Seither lenken und manipulieren Sicherheits- und Geheimdienste, Parteien und Behörden den öffentlichen Informationsfluss und Meinungsbildungsprozess. Ja sogar Einzelpersonen, aber natürlich nur, wenn sie über die richtige, bessere Weltanschauung verfügen. Und das weit über die Vereinigten Staaten hinaus. Schließlich ist Twitter weltweit die wichtigste Nachrichtenplattform, womit jeder Versuch der Einflussnahme globale Auswirkungen hat. Erst recht in einer Zeit, deren diverse Konflikte rund um »Klimaapokalypse«, Identitätspolitik, gesellschaftliche Spaltung oder Seuchen und/oder Krieg hauptsächlich auf Twitter ausgetragen werden.

Allerdings wird auf dem Medium nicht nur um die Gestalt der künftigen Welt gerungen, sondern es geht, wie wir bereits gesehen haben, auch und vor allem darum, Twitter selbst zur Waffe im derzeit herrschenden Informationsguerillakrieg zu machen. Es ist ein Krieg »oben gegen unten«, in dem es keine Zivilbevölkerung mehr gibt, keine eindeutig zu identifizierenden Kombattanten und keine Neutralität. Das stellt auch der Philosoph Marshall McLuhan fest, der sich bereits 1970 diesbezüglich prophetisch äußerte: »Der dritte Weltkrieg wird ein Informationsguerillakrieg sein, in dem nicht zwischen Zivilisten und Militär unterschieden werden wird.«[232]

Vor diesem Hintergrund wenden wir uns nun den verschiedenen Dimensionen der Twitter Files im globalen Informationsguerillakrieg zu. Es sind vier an der Zahl und sie lassen sich folgendermaßen übertiteln:

→   Im Dienst der guten Sache
→   Wirklichkeit vs. Narrativ
→   System außer Kontrolle
→   Ein gutes Zeichen

Die erste Dimension beschreibt die erste Lehre aus den Twitter Files, nämlich dass die Herrschenden ihre persönlichen, subjektiven Erfahrungen und Interessen als universalistisch-globale Gebote verstehen, nach denen einerseits sie über die Beherrschten urteilen und andererseits versuchen, diese nach ihren Vorstellungen umzuerziehen. Und so kommt es dann, dass mittlerweile die schlichte Wahrheit »Männer haben einen Penis, Frauen eine Vagina« auf Twitter als unwissenschaftliche Provokation gilt.[233]

Die zweite Dimension führt uns hin zum Kern des dritten Weltkrieges in Gestalt des Informationsguerillakrieges: dem ewigen Kampf zwischen Narrativ und Wirklichkeit. Was wir hier vor uns haben, ist eine andere Bezeichnung für die weltweite Auseinandersetzung zwischen dem Totalitarismus der Neuen und der Freiheit der Alten Weltordnung. Jeder Totalitarismus braucht das Narrativ, die ausgedachte Erzählung, um existieren zu können. Die Freiheit kann auf dergleichen verzichten. Sie ist so natürlich wie die Wirklichkeit selbst.

In der dritten Dimension stellen wir den Verfall zweier Systeme aus der Realwelt nebeneinander – ein Niedergang, der sich im digitalen wie analogen Raum vollzieht. Indem wir die Entwicklung Twitters mit derjenigen Deutschlands von der Bonner zur Bunten Republik parallelisieren, wird klar, wie sehr sich die digitalen und analogen Wege in den nächsten Totalitarismus doch gleichen. Beide starten als gute, menschen- und freiheitsfreundliche Ideen, um schließlich als willfährige Handlanger der Neuen Weltordnung zu enden.

Die vierte Dimension enthält abschließend einen Lichtblick inmitten der Finsternis. Gemeint sind der Kauf des Unternehmens durch Elon Musk und die Veröffentlichungen der Twitter Files selbst. Dass beides möglich ist, gibt Anlass zur Hoffnung.

Und dies ist, trotz all der freiheitsfeindlichen Abgründe, in die wir anlässlich der Twitter Files blicken, letztendlich die Botschaft, die Matt Taibbi und seine Mitstreiter kämpferisch verkünden.

1. Dimension:
Im Dienst der guten Sache

Ausweislich der Twitter Files ist Donald Trump die Reizfigur, an der sich alles entzündet. Mit seinem Erscheinen auf der politischen Bühne eskaliert die in erster Linie auf Twitter ausgetragene ideologische und politische Auseinandersetzung zwischen denen, welche die Große Transformation anstreben und jenen, die sich dagegen zur Wehr setzen. Und das nicht nur in den USA, sondern weltweit.

In der Bunten Republik gesellen sich mindestens zwei weitere Themen zu dem Gottseibeiuns mit dem erdbeerblonden Haar, die die Situation verschärfen. Die Rede ist zum einen vom Aufstieg der AfD als Partei, die sich seit ihrer Gründung 2013 vor allem über die sozialen Medien Gehör verschafft und zum anderen von der bedingungslosen Grenzöffnung für jedermann durch Angela Merkel ab dem Herbst 2015. Es ist dies eine Zeit, in der aus unterschiedlichen politischen Positionen weltanschauliche Gräben werden, entlang derer die Gesellschaft fragmentiert.

Die Betreiber der sozialen Medien und hier insbesondere von Twitter entscheiden sich früh, auf welcher Seite sie stehen, was wiederum kein Wunder ist, wenn wir uns vor Augen halten, dass Twitter, Facebook und Co. Fleisch vom Fleische der New-World-Order-Bewegung sind. Schließlich zählen die verschiedenen Gründer der Neuen Medien zu den Hohepriestern jener bunten Ideologie, die der Neuen Weltordnung zugrunde liegt.[234]

Die Macht der sozialen Medien

Wir schreiben den 12. Oktober 1492, einen Mittwoch. Die Stimmung unter den Männern auf den drei Schiffen »Nina«, »Santa Maria« und »Pinta«, die stur gen Westen segeln, ist so schlecht, dass eine Meuterei scheinbar nicht mehr zu verhindern ist. Dann endlich, gegen zwei Uhr morgens, der erlösende Ruf aus dem Krähennest. Der Matrose Rodrigo de Triana sichtet Land![235] In diesem Moment endet das Mittelalter. Eine neue Welt ist entdeckt, und mit ihr entsteht, im Guten wie im Schlechten, eine neue Weltsicht.

Was aber hat das mit dem Internet im Allgemeinen und Twitter im Besonderen zu tun? Die Antwort darauf lautet: In beiden Fällen handelt es sich um Vorgänge, die große Ähnlichkeiten aufweisen. Es beginnt damit, dass die Entwicklung des Internets absolut vergleichbar ist mit der Entdeckung Amerikas. Die digitale Welt, deren Bewohner

»Mit jeder neuen Entdeckung wird die Welt ein Stück unseriöser.«
Simonares

Kolumbus' Ankunft in der Neuen Welt

wir nolens volens sind, stellt genauso eine neue Welt dar, wie das im Falle Amerikas vor einem halben Jahrtausend der Fall gewesen ist. Entsprechend gleichen sich die Folgen.

Die durch den neuen Kontinent schlagartig veränderte geopolitische Situation erzeugt ab dem ausgehenden 15. Jahrhundert neue Perspektiven und Machtansprüche. Hinzu kommen neue Krisen und Konfliktfelder sowie eine neue Weltsicht und ein neues Menschenbild. Ganz ähnlich verhält es sich im frühen 21. Jahrhundert mit dem Internet, wobei das World Wide Web nicht nur einen neu entdeckten Kontinent repräsentiert, sondern gleichbedeutend ist mit der Erschließung einer gänzlich neuen Welt – und einer zweiten Wirklichkeit. Im Endeffekt werden diese Entwicklungen auf einen neuen Menschen hinauslaufen, der unter dem Stichwort Transhumanismus als Vermischung von biologischen und digitalen Merkmalen vollendet werden soll.

Doch so weit ist es noch nicht. Vorerst spüren wir nur die ersten Auswirkungen der Macht, die dieser Prozess auf uns ausübt. So wie die unschuldigen Völker der Neuen Welt mit Zwangsbekehrung, Unterdrückung und Sklaverei konfrontiert gewesen sind, so sind wir heute die Leidtragenden ganz ähnlicher Vorgänge. Geht es nach Klaus Schwab und seinen Gesinnungsgenossen, wird die Welt der Zukunft mit meinungs-, besitz- und freiheitslosen Einheitskreaturen bevölkert sein. Zu unserem eigenen Besten, versteht sich, darauf bestehen die Exekutoren der Neuen Weltordnung.

Damit sind wir im Zentrum unseres Buches und bei einer neuen Definition von Macht angekommen. Macht ist demzufolge neu zu verstehen. War sie früher die Möglichkeit, die Welt zu verändern, so ist sie heute die Möglichkeit, anderen Menschen die eigenen Wahrheiten aufzuzwingen. Und dies auf völlig neuen Wegen.

So wie früher Schiffe, Kanonen und Festungen die Instrumente der Macht darstellten, so sind es heute Sprachregelungen, Gedankenkontrolle und Informationslenkung. Diese Werkzeuge und ihre Beherrschung sind gleichbedeutend mit der Macht selbst. Allein schon aus diesem Grund verlangen die bunten Eliten so rücksichtslos nach der totalen Kontrolle über Sprache, Gedanken und Information. Das bringt uns zum sogenannten »Overton Window«[236]. Hierbei handelt es sich um einen soziologischen Fachbegriff, der die in einer Gesellschaft möglichen politischen Ideen und entsprechenden Aussagen beschreibt. Aussagen, die sich nicht mehr im Rahmen des Overton-Fensters befinden, stellen mithin den sozialen Status des Sprechers infrage. Daher ist es das Bemühen der Eliten, dieses Fenster so klein wie möglich zu halten (und ständig in die gewünschte Richtung zu verschieben), um alle Andersdenkenden umgehend aus der Gesellschaft der sozial etablierten Sprecher ausschließen zu können. Ein Vorgang, der uns in vielen Beispielen klar vor Augen steht. Eine

Kritik an offenen Grenzen etwa ist heute im Rahmen des Overton Window einfach nicht mehr möglich. Ja, es reicht noch nicht einmal dazu aus, innerhalb von 8 Jahren einen Gegenbegriff zur »Willkommenskultur« zu etablieren. Genau hieran zeigt sich die Macht der sozialen Medien im Allgemeinen und die von Twitter im Besonderen. Sie bestimmen, wie groß das Fenster beziehungsweise wie breit der zugelassene Meinungskorridor ist, was also wie gesagt werden darf.

Ein weiterer wichtiger Machtfaktor ist die Geschwindigkeit, mit der die Kommunikation auf Twitter stattfindet. Sie unterbindet das Denken. Der Informationsfluss und mit ihm die Meinungsbildung eilen derart schnell voran, dass keine Zeit bleibt, über Argumente nachzusinnen und sie inhaltlich zu untermauern. Die Folge ist eine zunehmende Verflachung, Emotionalisierung und letztendlich Verwahrlosung des öffentlichen Diskurses. So wie wir es seit einigen Jahren in der Bunten Republik erleben.

Beides, die Herrschaft über das »Overton Window« wie die Geschwindigkeit der Kommunikation, haben dazu geführt, dass ohne oder gegen die Meinungsmacher auf Twitter keine Wahl mehr zu gewinnen ist. Deswegen sind in den Twitter Files nicht nur die Versuche der Einflussnahme durch die Vertreter der Neuen Weltordnung verzeichnet, sondern auch die seitens der Trump-Administration. Macht will sich immer selbst absichern.

Die Übernahme des Mikroblogging-Dienstes durch Elon Musk und die daran anschließende Veröffentlichung der Twitter Files sind Ausdruck dieses Ringens. Früher nannte man eine solche Auseinandersetzung in aller Bierzeltgemütlichkeit »Erringung der Lufthoheit über den Stammtischen«. Heute ist dieser Ausdruck nicht mehr zutreffend, denn es geht um mehr, nämlich um Informationslenkung und Meinungsmanipulation zum Zwecke der totalen Gleichschaltung des

Denkens in unserer Gesellschaft. Das ist es, was Marshall McLuhan als Informationsguerillakrieg beschreibt. Und er findet direkt vor unseren Augen statt.

Twitter als Kampfplatz der Weltanschauungen

Dieses Ansinnen bildet den vorläufigen logischen Endpunkt eines Prozesses, der ziemlich genau 40 Jahre vor der Entdeckung Amerikas eingesetzt hat. Gemeint ist die Revolutionierung des Buchdrucks mithilfe beweglicher Lettern durch Johannes Gensfleisch, genannt Gutenberg, ab 1450. Damals wie heute führt die Demokratisierung und Egalisierung der Kommunikationsmöglichkeiten dazu, dass gesellschaftliche Konfliktlinien entstehen und aufbrechen. Mit einem Male ist es im Prinzip für jedermann möglich, seine Gedanken und Ideen aufzuschreiben, zu verbreiten, Anhänger um sich zu scharen und den Ruhm für Veröffentlichung und Einfluss einzuheimsen. Das Phänomen des Kommunikationsnarzissmus, das wir heute auf Social

»Im Anfang war das Wort.«

Johannes 1,1

Media so gut beobachten können, nimmt so gesehen damals seinen Anfang. Jedem Wanderprediger und Dorfsprecher steht nun ein Publikum zu Verfügung, das um ein Vielfaches größer ist, als es allein mit Sprache und handschriftlich verfassten Werken der Fall gewesen wäre.

Nehmen wir zum Beispiel die Revolutionsschrift *Reformatio Sigismundi* (»Reformation des Kaisers Sigismund«), die im Jahr 1476 erstmals gedruckt wird. Es handelt sich dabei um einen anonym verfassten Text, der offen zum Aufstand und zur Revolution gegen die Fürstenherrschaft aufruft: »Die Kleinen sollen erhöht werden und die Gewaltigen erniedrigt. Schlagt fröhlich drein und sehet: es wird gut ausgehen!«[237] Die Wirkung dieser Worte ist gewaltig und gewalttätig. Überregionale Unruhen sind die Folge, die das Vorspiel zu den Bauernkriegen rund 50 Jahre später bilden.

Das zeigt, Gensfleischs Erfindung verbreitet die Basis der Menschen, die imstande sind, ihre Gedanken in Buchform zu veröffentlichen. Hinzu kommt der erleichterte Zugang zu einer größeren Informationsmenge für die Leser jener Schriften. Das wiederum führt dazu, dass die Meinungsvielfalt rasant zunimmt. Die Eliten der damaligen Zeit können diesen Vorgang, der ihre Macht akut bedroht, natürlich genauso wenig zulassen wie heute. Die entstandene Meinungsvielfalt führte somit zur Zensur. Zwischenstationen dieser Entwicklung sind Reformation, Revolutionen und der Dreißigjährige Krieg.

Diese Entwicklung kommt erst mit der Friedensordnung nach dem Zweiten Weltkrieg zu einem vorläufigen Ende. Der Widerspruch zwischen Progressiv und Konservativ, Utopistisch und Realistisch ergibt die Zweiteilung der industrialisierten Welt in Marktwirtschaften und sozialistische Kollektive. Der Eiserne Vorhang ist somit letztendlich das Resultat des Buchdrucks.

Mit dem Zusammenbruch der sowjetischen Alternative zum Kapitalismus, wie ungenügend diese auch immer gewesen sein mag, kehrt der Konflikt wieder in unsere Gesellschaften zurück. Nur sitzt diesmal der Buchdruck auf einem Höllengaul – dem Internet. Die bald darauf entstandenen sozialen Medien beschwören dieselben Vorgänge herauf wie der Buchdruck im 16. Jahrhundert. Nur schneller, extremer und noch schwerer zu kontrollieren.

Während allerdings bei einer Buchproduktion Verleger und Lektoren als Kontrollinstanzen zwischen Autor und Leser zwischengeschaltet sind, existieren derartige Mechanismen im Netz bekanntermaßen nicht. Hier kann jeder seinen Gedanken und Ideen, und seien sie noch so absurd, illusorisch oder menschenfeindlich, vor einer potenziell weltweiten Öffentlichkeit ungefiltert freien Lauf lassen. Ein Umstand, der die in jedem Menschen vorhandenen narzisstischen Anlagen aufs Äußerste reizt. Die Folgen sind auf den einschlägigen sozialen Medien zu besichtigen.

Freilich unterscheiden diese sich. Plattformen wie TikTok oder Instagram legen beispielsweise ihren Schwerpunkt auf Bilder und Clips. Sie verstärken und verfestigen somit den Anteil an narzisstischem Verhalten, das vornehmlich auf Äußerlichkeiten abzielt. Nicht zuletzt festzumachen an der Vielzahl von immer raffinierteren Bildfiltern, mit deren Hilfe die eigene Erscheinung optimiert werden kann.

Twitter befriedigt indes eine etwas andere Form von selbstbezogenem Verhalten. Gemeint ist der politisch-kulturell-moralische Narzissmus. Naturgemäß sind die drei Aspekte dieser Form der Selbstverliebtheit nicht klar voneinander zu trennen, vielmehr gehen sie ineinander über und ergänzen sich. Exemplarisch dafür angeführt sei der Tweet von Sarah Bosetti, einer öffentlich-rechtlichen Versuchskomikerin, in dem es heißt:»Wäre die Spaltung der Gesellschaft wirklich etwas so

Schlimmes? Sie würde ja nicht in der Mitte auseinanderbrechen, sondern ziemlich weit rechts unten. Und so ein Blinddarm ist ja nicht im strengeren Sinne essenziell für das Überleben des Gesamtkomplexes.«[238] Sehen wir mal von dem menschenverachtenden Gestus ab, liegt hier ein Paradebeispiel für den angesprochenen typischen Twitter-Narzissmus vor. Grundsätzlich unfähig, einer anderen Meinung und Lebenswirklichkeit wenigstens ein Minimum an Respekt und Verständnis entgegenzubringen, schwelgt die Verfasserin stattdessen in Ausschluss- wenn nicht gar Vernichtungsfantasien.

Ist es das, was die Sektion D der Neuen Weltordnung meint, wenn deren Vertreter von Inklusion sprechen? Die Entfernung derer da rechts unten? Und wieder einmal kehren alte, böse Geister, die längst überwunden geglaubt schienen, in den Alltag zurück. Wovon Frau Bosetti hier fantasiert, hat einen Namen: Volksgemeinschaft.

Gerne hätten wir an dieser Stelle einen Tweet angeführt, der ähnlich markant die Neue Weltordnung kritisiert. Jedoch haben wir bereits gesehen, wie engmaschig das Zensurnetz bei Twitter aufgrund der Einflussnahme durch Regierung und Geheimdienst in der Zwischenzeit geworden ist und wie willkürlich Postings als »Hass« und »Hetze« eingestuft und gelöscht wurden, sodass eine solche Nachricht derzeit im deutschsprachigen Twitter nicht aufzufinden ist. Das heißt allerdings nicht, dass es sie nicht gibt. Nur lassen sich diese ausschließlich in den Kommentaren zu einem Post finden, nicht jedoch als Posting selbst.

Das wiederum bedeutet aber nicht, dass Twitter nicht auch von den Gegnern der Neuen Weltordnung genutzt wird. Auch dies ist ebenfalls eine Lehre aus den Twitter Files. Schließlich versuchte auch das Weiße Haus unter Trump Einfluss zu nehmen auf den Informationsfluss innerhalb des Mikroblogging-Dienstes. Was Deutschland betrifft, so können wir zwar nicht davon ausgehen, dass Querdenker,

AfD oder sonstige zeitgeistkritische Bewegungen und Parteien ernsthaft einen ähnlichen Versuch der Einflussnahme auf Twitter starten können. Dennoch müssen wir konstatieren, dass auch der demokratische Widerstand den Kurznachrichtendienst zur Verbreitung von Nachrichten und Meinungen nutzt. Nur muss dieser weitaus mehr Vorsicht walten lassen als sein ideologisches Gegenüber.

Damit sind wir bei dem besonderen Charakter des Kurznachrichtendienstes angelangt und müssen zugleich auch das in der Überschrift umrissene Themenfeld um eine Bestimmung erweitern. Twitter ist sowohl Kampfplatz als auch Waffe in dem aktuell herrschenden Informationsguerillakrieg.

In der klassischen Terminologie der europäischen Kriegs- und Generalstabswissenschaften werden geografische Punkte, die herausragende Bedeutung genießen, als Orte strategischer oder taktischer Bedeutung bezeichnet. In der Topologie des digitalen Raumes ist Twitter ein ebensolcher herausragender und damit wichtiger Ort. Da der Mikroblogging-Dienst aber nicht nur Schauplatz, sondern auch Waffe ist, kommt seine Stellung im strategisch-taktischen Kontext dem einer Artilleriestellung auf einer Anhöhe gleich, was in der klassischen Ausdrucksweise Batterie genannt wird. Mit dem Kampf um eine solche Stellung haben wir es also zu tun.

Bloß liegt das 20. Jahrhundert mit seiner mechanistisch-industriellen Kriegsführung hinter uns. Entsprechend wird heute mit anderen Waffen gefochten. Was früher U-Boote, Bomber und Panzer gewesen sind, sind Anfang der 2020er-Jahre Worte auf Twitter. Genauer gesagt: Aus den U-Booten sind ideologische U-Boote geworden, wie die extremistischen Fake-Accounts des Verfassungsschutzes belegen[239], der Bombenhagel ist zum Shitstorm weiterentwickelt und die Panzer sind abgesprochene Kampagnen vieler gegen einzelne Konten, bei denen der bunte Twitter-Mob einen Kanal wegen angeblicher Verstöße gegen die Anbieterrichtlinien massenhaft meldet, um die Person hinter der Meinung mundtot zu machen. In der Regel mit Erfolg.

Wenn wir nun also Twitter im übertragenen Sinn ein Schlachtfeld genannt haben, und die Auseinandersetzung, die dort tobt, als Krieg oder Gefecht bezeichnen, so ergibt sich folgender Schluss: Es geht um Sieg und Niederlage. Leben und Tod.

Wir erreichen somit eine Kategorie, die zeitlos ist und deren Lehren daher auch auf die Jetztzeit angewendet werden können. Um dies zu tun, ist es angezeigt, sich diejenigen historischen Persönlichkeiten als Vorbilder zu nehmen, die wussten, wie man siegt. Und da kommen wir an Napoleon Bonaparte nicht vorbei. Seine Spezialität, den Gegner am erfolgreichen Aufmarsch zu hindern, somit feindliche Truppenansammlungen zu unterbinden und einzelne Heeresteile

»Es gibt nur zwei Kräfte in der Welt, das Schwert und den Geist. Am Ende wird das Schwert vom Geist besiegt.«

Napoleon Bonaparte

nacheinander und getrennt voneinander zu schlagen, ist das Markenzeichen napoleonischer Kriegskunst. Indem er die zahlenmäßig überlegene Gesamtarmee seiner Gegner in Teile trennt und durch Schwerpunktbildung lokale Überlegenheit herstellt, gelingt es ihm, den Feind zu überwältigen, ohne dass dessen Armeen ihre materiellen und personellen Vorteile auszuspielen imstande gewesen wären.

Auf Twitter wird diese Strategie von den progressiven Globalisten und ihren Exekutoren perfekt umgesetzt. Sie agieren ebenfalls aus der Unterzahl heraus. Ein Umstand, der gern in Vergessenheit gerät. Dennoch ist es so: Die profiliertesten Vertreter der Neuen Weltordnung in Deutschland, die Partei der »Grünen«, haben nur etwas mehr als 15 Prozent bei der letzten Bundestagswahl erzielt. Trotzdem beherrschen ihre Themen die Agenda. Wie ist das möglich?

Auf der Suche nach einer Antwort kommt wiederum Napoleon ins Spiel. So wie er durch Schwerpunktbildung eine lokale Überlegenheit herstellt, stürzen sich die Aktivisten der Neuen Weltordnung mithilfe kurzfristig und thematisch hergestellter Mehrheiten auf Andersdenkende, um die Grenzen des Sagbaren weiter zu verengen. Und sei es mithilfe der Sicherheitsbehörden und der Geheimdienste, siehe die Twitter Files. Das geschieht zunächst nur punktuell, doch sind die Auswirkungen auf das Gesamte ähnlich verheerend wie Napoleons Kampagnen gegen isolierte Teilstreitkräfte, die fernab des von seinen Gegnern definierten Schlachtfeldes stattfinden. So ist es den bunten Weltherrschern in spe ein Leichtes, ihre Gegnerschaft auf Twitter zu vereinzeln, aus der gegenseitigen Deckung hervorzulocken und sie dann in aller Öffentlichkeit zu besiegen und zu demütigen.

In der Wirklichkeit der Bunten Republik können wir diese Vorgehensweise zum Beispiel in der Genderdebatte feststellen. Obwohl bereits vielfältige Studien darüber existieren, dass die Menschen in Deutschland das Gendern, vor allem dessen sprachliche Auswüchse, mit großer Mehrheit ablehnen[240], setzt sich die aufgezwungene Kunstsprache immer weiter durch. In Ämtern und Behörden, in Schule und Universität, beim öffentlich-rechtlichen Rundfunk. Möglich ist das, weil es den Exekutoren der Neuen Weltordnung immer wieder gelingt, im Nachrichtenmedium Nummer eins, nämlich Twitter, den Eindruck zu erwecken, eine Mehrheit der Menschen giere nach gendergerechter Sprache. Damit ist es ihnen ebenso wie Napoleon gelungen, am neuralgischen Punkt trotz zahlenmäßiger Unterlegenheit den Anschein unüberwindlicher Übermacht herzustellen.

Die totalitäre Gefahr aus der virtuellen Welt

Wenn wir über die totalitäre Gefahr aus der virtuellen Welt sprechen, dann ist zunächst zu differenzieren, worin diese Bedrohung eigentlich besteht. Dabei können wir zwei verschiedene Bereiche feststellen. Zum Ersten wäre da die zunehmende Abhängigkeit einer jeden gesellschaftlichen Existenz von einem ständig wachsenden digitalen Lebensbereich. Oder einfacher gesagt: Es wird immer schwieriger, ein rein analoges Leben ohne Internetanschluss und Smartphone zu führen. Zum Zweiten besteht die Gefahr für die Freiheit des Einzelnen in der hinlänglich bekannten politischen und ideologischen Steuerung individueller Gedankenwelten durch die herrschenden, bunten Gesellschaftsklempner.

Die Verbindung zwischen diesen beiden Sphären des Totalitären ist der Mensch. Wir haben in der 10. Veröffentlichung der Twitter Files gesehen, dass im Zentrum der Informationslenkung und Meinungsmanipulation diejenigen Tweeps stehen, die Bots füttern und

Entscheidungsbäume erstellen. Das heißt: Diejenigen, die unsere Abhängigkeit von der Maschine befeuern, sind gleichzeitig die Ingenieure und Programmierer ebendieser Maschinen. Was also nottut, wäre eine digitale Variante der Gewaltenteilung, wie wir sie in der realen, analogen Welt in allen funktionierenden Gemeinwesen etabliert sehen. Bis dahin aber müssen wir konstatieren, dass der virtuelle Raum immer weiter zu einem Verhörraum der Neuen Weltordnung ausgebaut wird.

Die Bundeszentrale für politische Bildung (bpb), gemeinhin jeder Opposition gegen die Bunte Republik abhold, gibt fünf Merkmale für totalitäre Bewegungen[241] an. Totalitäre Bewegungen »verstehen sich als alleinige und ausschließliche Besitzer politischer, religiöser oder sonstiger weltanschaulicher ›Wahrheiten‹. Konkurrierende Bewegungen werden als Verirrungen oder Abweichungen aufgefasst, die es zu bekämpfen gilt. Damit einher gehen die maßlose Selbstüberschätzung und Selbstüberhöhung als einzige und erste Kraft in der Geschichte, die der Menschheit das Heil bringt. Ihr Messianismus ist absolut und unteilbar.« Dazu kommt noch hermetische Abgeschlossenheit, eine antiaufklärerische Legitimationsbasis, eine strikte Trennlinie zwischen Freund und Feind und letztlich die Umdeutung von Alltagsbegriffen nach eigenen Bedürfnissen.

Es erstaunt ein wenig, dass ausgerechnet die bpb eine Totalitarismus-Definition erstellt, die wie gemacht zu sein scheint für die Bunte Republik. Unzählig die Beispiele, anhand derer wir beobachten können, wie sich die Vertreter der Neuen Weltordnung bemühen, jeden einzelnen der fünf Punkte zu erfüllen. Seien es die Themenfelder Gendern, Klima, Feminismus, Identitätspolitik oder offene Grenzen, überall treten die oben genannten Muster in Erscheinung. Wie dies in der gelebten Wirklichkeit aussieht, wollen wir nun exemplarisch anhand des Genderns aufzeigen.

Die »Wahrheit«, die dem Gendern zugrunde liegt, ist die durch nichts bewiesene Behauptung, es gäbe neben dem biologischen noch ein soziales Geschlecht, wobei Letzteres Ersteres dominiert. Das Besondere am sozialen Geschlecht ist dessen angebliche Nichtbestimmtheit. Ob man männlich, weiblich oder etwas dazwischen ist, determinieren demnach nicht Geschlechtsmerkmale und Hormonhaushalt, sondern das Gefühl. Und das kann sich bekanntlich ändern.

Grundlage der Behauptung von der Konstruierbarkeit der Geschlechter ist nicht die wissenschaftliche Beweisführung, sondern ein Zitat aus einem philosophischen Werk. Die Rede ist von Simone de Beauvoirs Buch *Das andere Geschlecht*. Darin schreibt sie: »Man kommt nicht als Frau zur Welt, man wird es.«[242] Was wir hier vor uns haben, ist ein Glaubenssatz, der sich ab Ende des 20. Jahrhunderts zu einem Dogma entwickelt hat.

Anfänglich werden die Anhänger der Idee von der Konstruierbarkeit der Geschlechter noch wahlweise als Spinner, Esoteriker oder abgehobene Sektierer belächelt. Kein Wunder, denn immerhin maßen sie sich an, die Biologie, eine Naturwissenschaft, zu verleumden. Und dies, obgleich biologische Forschungsergebnisse experimentell erbracht werden können, wiederholbar und vor allem falsifizierbar sind.

Im Lichte dieser drei Kategorien verliert selbstverständlich eine Reihe von Fächern ihren Wissenschaftlichkeitsnimbus, wie die Geschichts-, die Literatur- oder eben die Geisteswissenschaften insgesamt. Jedoch erheben Historiker, Literaturkritiker oder Philosophen nicht den Anspruch, Naturwissenschaftler zu sein und schon gar nicht, eine dieser Wissenschaften ersetzen zu wollen. Aber genau das tun die Gender Studies. Sie verhalten sich damit wie selbstherrliche Astrologen, die anhand ihrer Horoskopdeutungen die Erkenntnisse der Astronomie als reaktionär und hinterwäldlerisch brandmarken.

Dass wir es hierbei tatsächlich mit einem nicht zu kritisierenden und nicht zu hinterfragenden Glaubenssystem zu tun haben, demonstriert eine überaus unappetitliche Posse aus Hamburg: die Pimmelgate-Affäre, die sich vom Frühjahr 2021 bis zum Sommer 2022 hinzieht.

Was ist geschehen? Im Mai 2021 geht ein Tweet viral, in dem der Hamburger Innen- und Sportsenator Andreas Grote mit folgender Schmähung bedacht wird: »Du bist so 1 Pimmel.« Diese Beschimpfung ist eine Reaktion auf die Coronamaßnahmenpolitik in Hamburg. Dahinter steht das Twitter-Konto einer Fan-Kneipe unweit des FC-St.-Pauli-Stadions. Was sich unspektakulär anhört, wächst sich in dem Moment zum Skandal aus, als Andreas Grote reagiert. Aus seiner Sicht ist seine Reaktion legitim, denn schließlich versteht er sich ja als Vertreter einer absoluten, nicht infrage zu stellenden neuen Wahrheit, deren Gegner nicht nur Systemfeinde, sondern tatsächlich Menschenfeinde sind. Das zeigt, wo für ihn die Prioritäten liegen. Indem er eine Hausdurchsuchung bei dem mutmaßlichen Urheber des Tweets anordnet[243], reagiert er für einen Hamburger Innensenator in einer pluralen, republikanischen Demokratie zwar falsch. Aber für einen Hohepriester oder besser noch für einen Inquisitor ist seine Reaktion vollkommen angemessen. Diese Selbsteinschätzung ist nur möglich, wenn das gesamte Ich und Weltverständnis des Bürgermeisters von einer tiefen messianischen Überzeugung getragen wird.

Am deutlichsten ist diese von außen nahezu wahnhaft anmutende Übersteigerung der eigenen Bedeutung vor allem an der Klimaschutzbewegung abzulesen. Nicht nur haben sich Wissenschaft und Rationalität seit Langem aus der Debatte um dieses Thema verabschiedet, schlimmer noch, die Hohepriesterin dieser Bewegung ist eine junge Frau, kaum dem Mädchenalter entwachsen. Was in der Antike noch alltäglich war – nämlich eine jungfräuliche weibliche Person auf dem Stuhl der Wahrheit –, kehrt in unseren Tagen in groteskester Form

> **»Du darfst keine Gewalt**
> **gegen andere aufgrund von Rasse,**
> **ethnischer Zugehörigkeit, nationaler Herkunft,**
> **sexueller Orientierung, Geschlecht,**
> **geschlechtlicher Identität, religiöser**
> **Zugehörigkeit, Alter, Behinderung oder**
> **ernster Krankheit fördern oder andere**
> **aus diesem Grunde bedrohen**
> **oder belästigen.«**
>
> Sperrmitteilung von Twitter

zurück. Und vergessen wir nicht, 2019 stellt der evangelische Bischof Koch Greta Thunberg mit niemand Geringerem als Jesus Christus auf eine Stufe.[244]

Mit dem unbedingten Messianismus der Neuen Weltordnung geht die hermetische Abgeschlossenheit der moralisch besseren Kreise Hand in Hand. Wie jedes Glaubenssystem, so ist auch der herrschende bunte Zeitgeist unzugänglich für rationale und im aufklärerischen Sinne vernünftige Kritik. An Beispielen dafür mangelt es nicht. Ein typisches ist ein Tweet des ZDF, in dem die Mainzelmännchen ihrem Publikum die Behauptung, Männer könnten Kinder kriegen, als Tatsache und Normalität verkaufen.[245]

Wenn wir davon ausgehen, dass es sich hierbei nicht um einen Witz handelt, sondern um bitteren Ernst, dann ist dies nur möglich, wenn sich die Eliten einer Gesellschaft ihrer Macht so bewusst sind, dass sie keinerlei Fremd- oder Selbstzweifel mehr aufkommen lassen. Ohne Zweifel werden diese Lehren hermetisch, das heißt komplett unzugänglich und abgeschlossen. Und ihr Glaube wird mit jedem Tag, an dem die Vertreter der Neuen Weltordnung ihre Dogmen in und an der Gesellschaft exekutieren, weiter zementiert.

Befeuert wird dieser Prozess von Twitter, indem die New-World-Order-Prediger hier die fast perfekte Echokammer vorfinden, in der sie mit jedem Tweet, jedem Like und jedem Teilen immer wieder neue Bestätigung erhalten. Wie man so etwas macht, das wissen wir spätestens seit den Enthüllungen von Matt Taibbi und seinen Kollegen.

Das führt uns zum vorletzten Kriterium eines totalitären Systems: der strikten »Trennlinie zwischen Freund und Feind«. Es bedarf keiner weiteren Erklärung, wenn wir feststellen, dass die sozialen Medien, und hier insbesondere Twitter, die Polarisierung und damit die Spaltung der Gesellschaft vorantreiben, was bei genauerem Hinsehen nicht weiter verwundert. Verschanzt hinter Pseudonymen und dem heimischen Bildschirm fallen radikale Töne ohnedies leicht. Kommt dann aber bei zumindest einer Seite noch eine massive messianische Selbstüberschätzung hinzu, die außerdem noch Zugriff auf staatliche Machtmittel besitzt, dann verlagert sich die Problematik zusehends in die reale Welt – Menschen werden angefeindet, verhaftet und ganz einfach aus dem öffentlichen Leben heraus»gecancelt«.

Oftmals geschieht dies mithilfe einer der zahlreichen Umdeutungen alltagssprachlicher Begriffe. Früher nannte man beispielsweise einen Menschen einen Rassisten, wenn er sich abfällig auf die biologische Herkunft einer Gruppe bezog. Heute ist man rassistisch, wenn man fragt: Woher kommst du?

Eine ähnliche Vorgehensweise wird in der politischen Kategorisierung verwendet. Kein Mensch kann mehr einfach rechts sein, nein, es müssen Schmähbegriffe wie Rechtspopulisten oder Rechtsextremisten herhalten. Am wirkungsvollsten und mächtigsten unter diesen Sprachspielen der bunten Gutmenschen aber ist das (Ver-)Schweigen. Das, was in den Twitter Files beispielhaft an dem Skandal um Hunter Bidens Laptop dargestellt wird, ist inzwischen Realität. Aussagen oder Taten eines Menschen werden nicht mehr berichtet, weder in der Presse noch im Fernsehen. Statt einer fundierten Analyse, aufgrund derer sich jeder selbst ein Bild machen könnte, werden einfach nur Worthülsen ausgegossen. Die Eingeweihten reagieren mit Abscheu, der kritische Beobachter fühlt sich schlicht an die Totalitarismusdefinition der Bundesanstalt für politische Bildung erinnert – und ahnt Schlimmes.

2. Dimension:
Wirklichkeit vs. Narrativ

Die Twitter Files haben uns gezeigt, mit welch harten Bandagen der Informationsguerillakrieg seitens der Vertreter der Neuen Weltordnung derzeit geführt wird. Reichweitenbeschränkungen, Sperrungen und Löschungen – das sind die Mittel, derer sich die Mächtigen bedienen. Im Anschluss wollen wir uns nun mit dem Zweck ihres Einsatzes beschäftigen.

Dabei werden wir unseren Blick von den USA auf eine größere, überstaatliche, wenn nicht gar globale Ebene richten. Denn alle Gesellschaften der westlichen Welt kämpfen mit dem Problem einer sich immer weiter radikalisierenden Spaltung des Gemeinwesens. Obwohl sich diese Konflikte in vielfältiger Weise artikulieren, stehen all diese Länder vor derselben Herausforderung, die gemeistert werden muss, soll ihr freiheitlich-demokratischer Lebensentwurf nicht untergehen.

Die Rede ist von dem Widerstreit von Narrativ und Wirklichkeit, der letztlich in der Frage endet: Tyrannei oder Freiheit?

Um dies näher zu erläutern, werden wir uns in diesem Kapitel mit ebendieser weltweiten Auseinandersetzung zwischen utopistischem und realistischem Zukunftsentwurf beschäftigen. Dazu definieren wir in einem ersten Schritt das Narrativ. Um was handelt es sich dabei, wie können wir es erkennen, und welche Position nimmt es zwischen der Ideologie und dem Mythos ein?

Als Zweites nehmen wir die dunkle Macht des Narrativs in Augenschein und werfen einen Blick auf die Verführungspotenziale ideologischer Erzählungen, ihre Wirkungsweisen und Schwächen und unterziehen das Narrativ schließlich einer historischen Betrachtung.

Im dritten und letzten Unterkapitel kehren wir zurück in die Gegenwart und zeigen anhand der Twitter Files auf, wie ein Narrativ in der Praxis durchgesetzt wird. Und was wir dabei zu Gesicht bekommen werden, lässt keinen Zweifel darüber aufkommen, dass wir an einem Scheideweg stehen – und einer der beiden Wege unter allen Umständen vermieden werden muss.

Der geistig schlichte kleine Bruder (vom Mythos einerseits, von der Ideologie andererseits)

Nirgendwo zeigt sich die bedrohliche Seite der Herrschaft des Narrativs deutlicher als in seinen notwendigen Auswirkungen: in Straflagern und Schauprozessen. Der Gulag und das KZ stellen eine Verfallsform des rechtsstaatlichen Strafsystems dar, das alle gesunden

Francois Lyotard

> »Ich träume immer von einer Füllfeder, die eigentlich eine Spritze ist.«
>
> Jacques Derrida

Gesellschaften benötigen und benutzen.[246] Insbesondere die sowohl im Dritten Reich als auch in Stalins Sowjetunion geführten Schauprozesse verdeutlichen das gesamte Ausmaß der Perfidie totaler Diktaturen. In parlamentarischen Demokratien wird das Justizsystem benutzt, um Wahrheiten gesellschaftlich festzustellen und durchzusetzen – zum Vorteil aller, auch der Geschädigten und Verurteilten. In totalitären Systemen wird keine Wahrheit erzeugt, sondern ausschließlich Macht durchgesetzt.

An dieser Stelle kommt der Begriff des Narrativs zur Geltung. Zuerst von dem französischen Philosophen und Literaturtheoretiker Jean-François Lyotard in seiner 1979 erschienenen Schrift *La condition postmoderne* (dt.: *Das postmoderne Wissen*) geprägt, verdichtet sich in dem Wort »Narrativ« der gesamte Denkstil einer philosophischen Bewegung, die man gemeinhin Postmoderne nennt. Andere prominente Vertreter dieser Richtung sind Philosophen wie Michel Foucault oder Jacques Derrida. Ihrem Denken wohnt auch immer ein Generalangriff auf den europäischen Wirklichkeitsentwurf und dessen Wertesystem inne.

Im Zentrum unseres über Jahrhunderte natürlich organisch gewachsenen Wertesystems steht die Wahrheit. Seit Sokrates beziehungsweise Jesus Christus gilt sie als höchster Wert unserer Gesellschaften, sowohl in privatem wie in öffentlichem Zusammenhang. Darüber hinaus führt die Fixierung auf die Wahrheit zu einer ganz spezifischen Sonderausprägung, die welthistorisch einzigartig ist: der Wissenschaft.

Die bereits genannten französischen Denker wissen mit Wahrheit nichts anzufangen und versuchen, Denkgebäude zu errichten, aus denen heraus Wahrheit entweder entwertet oder abgeschafft werden kann. Postmodern zu denken, bedeutet damit immer auch, wahrheitslos zu denken. Alle Perspektiven sind gleichwertig, keine kann für sich beanspruchen, übergeordnet oder wichtiger zu sein. Was beinahe wie eine Demokratisierung des Wahrheitsbegriffes klingt, ist bei Licht betrachtet das genaue Gegenteil: Wenn alles gleichbedeutend wahr ist, ist in Wirklichkeit nichts wahr. Es hat schon seinen Grund, warum die deutschen Begriffe »gleich gültig« und »gleichgültig« nur ein Leerzeichen trennt.

Man kann sich diesen Sachverhalt anhand eines Beispiels vergegenwärtigen: Wenn beide Mannschaften ein Fußballspiel gleichzeitig gewinnen können, ohne Rücksicht darauf, wer mehr Tore geschossen hat, dann ist das nicht die Befreiung von der phallozentrischen Fixierung auf zählbare Resultate, wie Derrida oder Foucault in aller postmodernen Unverständlichkeit behaupten würden. Es ist einfach nur eines: kein Fußballspiel mehr. Niemand hat gewonnen, hingegen alle verloren.

Ein anderes Beispiel wäre der jetzt bewusst so bezeichnete Genderwahn. Wenn jeder Mensch zu jeder Zeit einfach durch Behauptung sein Geschlecht ändern kann, haben wir uns nicht aus der patriarchal-kapitalistischen Ausbeuterlogik gerettet, sondern haben letztendlich nur etwas verloren, nämlich uns selbst.

Die postmoderne Gedankenwelt entsteht zuerst im Umfeld der Literaturwissenschaften. Literatur erzählt Geschichten, weswegen der Begriff des Narrativs nur ein gehobener Ausdruck für erzählte Geschichten ist. Solche Narrative sind mächtig; damit haben die französischen Theoretiker durchaus recht, schließlich benötigen menschliche Gesellschaften einigende Denkmuster, die den Jeder-gegen-jeden-Kampf in eine gemeinschaftliche Handlungsweise überführen können. Wenn aber rational argumentierbare und empirisch belegbare Theorien, wie sie die Naturwissenschaften liefern können, ebenfalls auf reine Geschichtenlogik reduziert werden, geschieht Schlimmes. Es entstehen Diktaturen, die – weil auf Narrativen gegründet – unkritisierbar sind. Hier kommt die Rede von totalitären Diktaturen in ihr eigentümliches Recht. Der totale Machtanspruch des Nationalsozialismus oder Kommunismus fußt im totalen, absoluten Anspruch der zugrunde liegenden Narrative. Es sind messianische Überlegenheitserzählungen – einmal von der Rasse, das andere Mal von der Klasse –, die ihre ganze grauenvolle Wirkung entfalten. Für die Wirklichkeit ist in solchen Gesellschaften kein Platz, weswegen sie letztendlich auch immer scheitern müssen, nicht aber ohne zuvor noch unendlich viel Leid über die Menschen gebracht zu haben.

Man lese nur die Anklageschrift im Prozess gegen die sechzehn Angeklagten des ersten stalinistischen Schauprozesses, der im August 1936 stattfindet. Darin heißt es:

»Ohne jede Stütze in der Arbeiterklasse und in den werktätigen Volks-
massen der UdSSR, ohne jeden Rest eines ideologischen Rüstzeugs,
ohne jedes politische Programm, durchdrungen vom wütenden Hass
gegen die sozialistischen Siege unserer Heimat, sind Trotzki, Sino-
wjew und Kamenew, die Führer des trotzkistisch-sinowjewistischen
konterrevolutionären Blocks, endgültig in den weißgardistischen
Sumpf versunken, haben sie sich mit den grimmigsten Feinden der
Sowjetmacht zusammengeschlossen und verschmolzen, haben sie
sich in die organisierende Kraft der Überreste der in der UdSSR zer-
trümmerten Ausbeuterklassen verwandelt. In ihrer Verzweiflung
und ihrem Hass haben sie im Kampf gegen die Sowjetregierung und
die Führer der KPdSU(B) zu dem niederträchtigsten Mittel gegriffen:
zu politischen Morden.«[247]

Wir zitieren die Anklageschrift deshalb so ausführlich, um den
grundlegenden Unterschied zwischen wirklichkeitsorientierter Demokratie und narrativbasierter, totaler Diktatur zu demonstrieren. In
einem demokratischen Rechtsstaat wäre der Mord in seiner materia-
len Beweisbarkeit Mittelpunkt der Anklageschrift. Die Verhandlung
hätte letztendlich nur diese Frage zum Inhalt. Unter der Herrschaft
des roten Zaren Stalin jedoch ist es die Verletzung des Narrativs, um
die sich Anklage und Prozessführung drehen.

Die Angeklagten in diesen Prozessen unterlassen es zumeist, sich
zu verteidigen und gestehen jede Schuld ein. Stellvertretend hierfür
sei das Schlussplädoyer von Lew Borissowitsch Kamenew angeführt:
»Ganz gleich, wie mein Urteil ausfallen wird, ich betrachte es im
Voraus als gerecht. Blickt nicht zurück, schreitet voran! Gemeinsam
mit dem Sowjetvolk folgt Stalin!«[248] In einer Gesellschaft, in der das
Narrativ ungestört herrscht, sind sogar die unschuldigen Opfer von
ihrer Schuld überzeugt. Wer hier Hinweise auf eine Gehirnwäsche
zu erkennen vermeint, liegt sicher nicht völlig falsch. Genützt hat

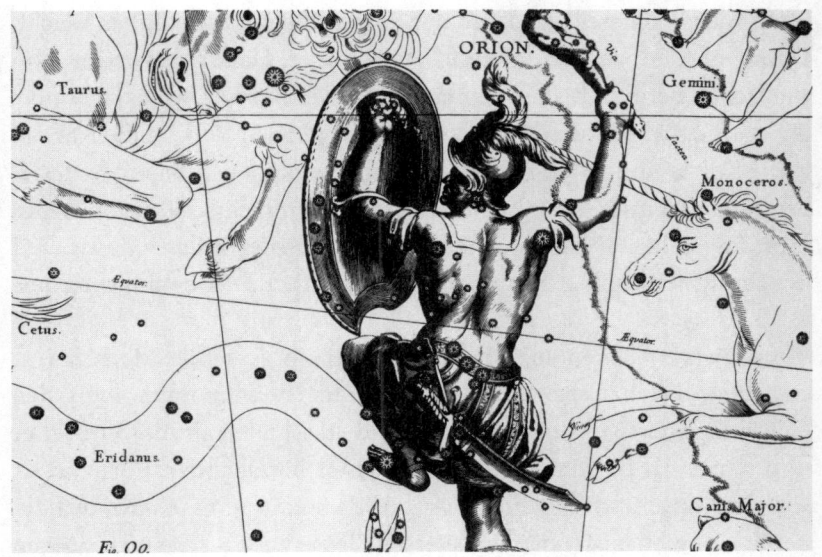

**Der älteste bekannte Mythos ist der vom
Jäger Orion. Er ist circa 85000 Jahre alt und auf
allen Erdteilen nachweisbar.**

es den sechzehn Angeklagten nichts, sie wurden allesamt zum Tod durch Erschießen verurteilt.

Erneut sind wir an einem Punkt angekommen, an dem wir kurz innehalten möchten, um der Stellung der modernen Erzählung innerhalb des Komplexes Mythos, Ideologie und Narrativ Raum zu geben. Im bisher Gesagten wurden alle drei Begriffe verwendet, ohne aber sie miteinander in Beziehung zu setzen.

Der Mythos, in allen Kulturen nachweisbar, ist eine erzählte Sinneinheit, die hochkomplexe, reale lebensweltliche Vorgänge in symbolischer Weise darstellt und für den Tagesgebrauch verfügbar macht. Damit ordnen sie die unendlich vielfältigen Handlungsweisen von Menschen dergestalt, dass gemeinsamer Weltbezug und soziale Interaktion möglich werden. Oder anders gesagt: Kein Volk, keine Nation, keine Kultur ohne Mythos. Mythen entstehen unbewusst, im kollektiven Erzählen und Zuhören. Sie sind so mächtig, dass sie sich in Redewendungen der Alltagssprache noch heute wiederfinden wie etwa das berühmte »Feigenblatt« oder die sprichwörtliche »Nibelungentreue«.

Ideologien entstehen aus Mythen. Indem ein einzelner Mensch verschiedene Erfahrungen aus dem gesamten religiös-mythologischen Gewebe seiner Kultur herauslöst, sind Ideologien immer einfacher und naiver als Mythen, aber auch leichter handhabbar. Volk, Rasse, soziale Klasse und Geschlecht sind die wichtigsten Gehalte, auf denen Ideologien basieren. Die diversen Götterwelten kennen hingegen keine Hautfarbe, keine Produktionsmittel, und toxisches Verhalten ist nicht auf ein Geschlecht beschränkt. Sie sind mit anderen, wirklich existenziellen Problemen beschäftigt. Überdies findet sich die moralische Trennung zwischen Gut und Böse, die im Mythos lediglich symbolisch erklärt wird, in der Ideologie eindeutig und klar formuliert. Mit dieser Eindeutigkeit geht die aggressive Abwertung Andersdenkender und Andersseiender einher. Die Folgen sind bekannt.

Mythen sind offen, lassen sich mit den Mythen anderer Kulturräume befruchten und ergänzen. Nicht so die Ideologie. Sie erhebt Anspruch auf die alleinige Wahrheit, und alles Fremde wird ihr zum Feind.

Wenn nun Ideologien lange genug im Widerstreit miteinander stehen, so generieren sie Narrative – Großerzählungen –, die letztendlich als Schwundstufe bezeichnet werden müssen. Hat die Ideologie noch positive Bedeutung, indem sie komplexe Mythen handhabbar und lebbar machen hilft, so fehlt dem Narrativ diese positive Seite gänzlich.

Egal, ob Rassen-, Klassen- oder Geschlechterkampf, Menschen, die im verführerischen Sog des Narrativs agieren, zeigen immer und mit Notwendigkeit die fünf oben genannten Anzeichen des Totalitarismus. Das gilt vor allem für die Vertreter und Protagonisten der Neuen Weltordnung.

Wie sehen also, das Narrativ ist die schwächste und am geringsten fundierte Variante der drei sinnstiftenden Erzählungen. Um ein Narrativ zu kreieren und/oder ihm zu folgen, braucht es am wenigsten Verstand und intellektuelles Vermögen. Während der Mythos tief im menschlichen Denken und Sein verwurzelt ist und die Ideologie zumindest noch die letzten 250 Jahre zivilisatorischer Entwicklung im Blick hat, braucht das Narrativ nur ein flüchtiges Gefühl, um zu existieren.

Gleichwohl heißt dies aber nicht, dass Narrative weniger fanatisch gelebt werden als Ideologien. Im Gegenteil, gerade weil es die schwächste sinnstiftende Erzählung ist, muss es umso härter verteidigt werden. Das führt aufseiten der bunten Ideologie zu vielfältigen kognitiven Dissonanzen bis zum ausgewachsenen Realitätsverlust.

Ein besonders trauriges Beispiel dafür ist der Fall Maria Ladenburger. Maria wird am 16. Oktober 2016 von einem kurz zuvor illegal eingereisten Flüchtling brutal aus dem Leben gerissen. In der Todesanzeige lesen wir, dass die Trauergäste von Blumen absehen mögen und stattdessen spenden sollten. Unter anderem an eine »Studierendeninitiative« der Uni Freiburg mit dem Namen »Weitblick«.[249] Ein Besuch der Homepage macht klar, um wen es sich dabei handelt. Nämlich um eine jener vielen kleinen Aktivistenzellen in Diensten des Narrativs von der unbedingten und nicht zu hinterfragenden Gutheit einer multikulturellen Gesellschaft.[250] Manche Psychologen[251] sprechen von ideologischer Besessenheit und meinen damit genau jenen Geisteszustand, den wir bei Menschen verorten, die sich willfährig einem Narrativ unterwerfen.

Zwei Merkmale dieser psychologischen Bestimmung, auf die man selbst im Alltag achthaben kann, bei sich und anderen, seien kurz genannt. Zuerst äußert sich die narrative Unterwerfung in der Verwendung von feststehenden, nahezu sinnlosen Worthülsen, die bei allen Vertretern des Narrativs gleichlautend verwendet, aber nie erklärt oder gerechtfertigt werden. Das Patriarchat wäre ein Kandidat hierfür, ebenso der strukturelle Rassismus oder der Begriff queer. Daraus folgend lautete das zweite Kriterium: Menschen, die ideologisch besessen sind, sprechen nicht mehr individual, sondern sagen Dinge, die auch alle anderen Vertreter ihres Narrativs genau so und nicht anders sagen. Das Individuum verliert sich also im großen Narrativ und der Gemeinschaft seiner Untertanen.

Anhand der beiden oben angeführten Beispiele – stalinistischer Schauprozess und gutmenschliche Schaubeerdigung – haben wir gesehen, dass die Herrschaft des Narrativs Schluss macht mit Rationalität und Individualität. So versiegt dann auch die Menschlichkeit im Menschen, da er ganz ohne schlechtes Gewissen zum Täter werden kann.

Letztendlich wird ein solcher Mensch sogar zum Opfer seiner eigenen ideologischen Besessenheit, da er sein eigenes Leid und Vergehen nur im Rahmen des herrschenden Großerzählungsgeflechtes zu deuten imstande ist.

Es liegt auf der Hand, wie weit sich solche Handlungen und Lebensweisen von gesundem, organischem Menschsein unterscheiden. Als demokratischer Bürger rechtstaatlich verfasster Republiken ist uns ein solches Leben fremd und muss es, bei allem Mitleid, auch bleiben. Denn unser Entwurf ist der einer Gerechtigkeit erzeugenden Wahrheitsmaschine, in der jeder Mensch einen Platz und ein Leben finden kann und Schuld, strafrechtlich wie moralisch, nur im eigenen Handeln und Tun, nicht aber aufgrund von Zugehörigkeit zu einer fiktiven Gruppe, erkannt und bestraft werden darf.

Die dunkle Macht des Narrativs

Aber natürlich wird ein Narrativ nicht mit offensichtlichem Zwang und Repression durchgesetzt. Wäre es so, es könnte nicht etabliert werden. Es muss seinen Anhängern und Verbreitern also etwas bieten können, einen Mehrwert, in welcher Form auch immer. Man könnte sagen: Ein Narrativ muss verführerisch sein.

Worin besteht nun aber die Verführung beziehungsweise der Mehrwert eines Narrativs?

Zum einen besteht dieser sicherlich in der Bequemlichkeit der Menschen. Es ist nicht leicht, gegen den Strom der Zeit schwimmen zu wollen. Das kostet Nerven, Zeit und letztendlich wertvolle soziale und familiäre Verbindungen. Viel einfacher hingegen ist, den verlautbarten Vorgaben der Meinungsführer ohne weiteres Nachdenken zu folgen. Darüber hinaus ist mit jeder Neuorientierung ein enormer Aufwand verbunden. Wer sich dem Narrativ unterordnet, braucht diese Kosten nicht mehr zu fürchten. Jeder Schmerz, jedes Versagen und jede Verunsicherung kann auf einen immer gleichen und ohne Anstrengung aufsagbaren Feind bezogen werden, sei es nun der Rassen-, Klassen-, Klima- oder Geschlechterfeind, er ist immer und ausnahmslos an allem schuld.

Was wir hier klar strukturiert beschreiben, ist in Wirklichkeit ein im Unterbewussten ablaufender Prozess, der für viel Aggression sorgt. Niemand gesteht sich gerne eine derart lähmende intellektuelle Faulheit ein. Dieser Makel muss kaschiert werden, und zwar durch noch intensivere Bejahung des Narrativs. Das erklärt auch die inzwischen festzustellende grassierende Unfähigkeit zu diskutieren, und zwar im Sinne eines engagierten, aber nicht emotionalen Austausches von Argumenten. Stattdessen wird der Andersdenkende von vornherein zur Unperson erklärt. Bei solchen Menschen, die sich aus Bequemlichkeit auf die Seite des Narrativs und deren Urheber stellen, haben wir es mit klassischen Mitläufern zu tun, ohne die kein totalitäres System existieren kann.

Ein weiterer Mehrwert des Narrativs ist zweifellos materialistischer Natur. Das ist nur zu logisch, da die Wahrheit einer jeden sozialen Verbindung der materielle Vorteil ist. In der Praxis heißt das, dass diejenigen, die dem Narrativ folgen, damit auch Geld verdienen können. Man liegt nicht ganz falsch, wenn man hierin eine Art der sozialpolitischen Prostitution erkennt.

Als dritten und wichtigsten Vorteil einer Parteinahme zugunsten des Narrativs können wir – neben der Bequemlichkeit und dem geldwerten Vorteil – die Macht bestimmen. Das Narrativ verspricht seinen Sklaven Macht, und zwar wie folgt: Je mehr Macht sie als selbstständige Individuen abtreten, umso mehr Macht fällt ihnen im Gefüge der Untertanen der Großerzählung zu. Der Mensch verliert also individuale Bedeutung und erlangt kollektive Macht. Früher agierten solche Figuren unter Titeln wie Politkommissar, Führungsoffizier oder Blockwart. Heute nennen sie sich Aktivisten. Das gilt vom ganz Kleinen, dem Familien- und Freundeskreis, bis zum ganz Großen, der Weltpolitik.

Natürlich muss diese Stellung ständig erneuert und untermauert werden. Dies geschieht am einfachsten, indem man online moralische Verurteilungen vornimmt, bei denen man niemals selbst Gefahr läuft, sie auch real verwirklichen zu müssen. Zusatznutzen eines solchen Vorgehens ist die Selbstbestätigung, die durch die Demonstration von Zugehörigkeit zur Narrativgemeinde auf den Sender rückwirkt. Wir haben es hier mit einem Doppelbinderprozess zu tun, bei dem sich beide Seiten unablässig in ihrem Tun bestärken, was mit Zwangsläufigkeit zu einer Eskalation führt.

Am besten sind diese Vorgänge in den sozialen Medien und hier besonders bei Twitter zu beobachten. Wie die Twitter Files gezeigt haben, wachen die Zensoren der Neuen Weltordnung mit Argusaugen über den Informations- und Meinungsfluss auf dem Kurznachrichtendienst. Und sie sind stets bereit, aktiv einzugreifen, wenn er droht, sein vorgegebenes Bett zu verlassen. Allerdings sitzen diese Zensoren nicht nur in den Amts- und Redaktionsstuben des bunttotalitären Zeitgeistes. Vielmehr haben sie mittlerweile die gesamte Gesellschaft durchsetzt. In fast jedem Freundes-, Bekannten- und Kollegenkreis findet sich der eine oder andere, der die Kommunikation in seiner Peergroup auf politische Korrektheit hin observiert. Der sich durch die Verwendung des richtigen Codes als guter, bunter, toleranter Mensch zu erkennen gibt, der die Grenzen des Sagbaren überwacht und, wenn notwendig, andere ermahnt und zurechtweist, die selbige angeblich überschritten haben. Da kann es, zum Zwecke der Verhinderung unnötiger Konflikte mit derart missionarischen Charakteren hilfreich sein, seine online veröffentlichte Meinung an die des Kommissars der Neuen Weltordnung anzupassen.

Dies alles wirkt nun täglich und millionenfach in unserer Gesellschaft. Letztendlich führt es dazu, dass sich die Normen und Werte, nach denen gehandelt wird, schleichend und kaum wahrnehmbar, aber trotzdem immer weiter verschieben. Je länger der Prozess andauert, umso größer die Auswirkungen, sodass beispielsweise die plötzliche Existenz von mehr als zwei Geschlechtern gesellschaftlich als gesicherte Tatsache gilt. Das lässt auf eine inzwischen durchaus tiefe Verankerung im kollektiven Bewusstsein schließen, die ohne Twitter nicht vorstellbar ist. Hier ist dieser Irrglaube zwar nicht entstanden, aber hier hat er Verbreitung gefunden und damit an Macht gewonnen.

Das alles zeigt: Die Herrschaft des Narrativs, verbunden mit der Macht der sozialen Medien, insbesondere Twitter, führt zu ideologisch verstärktem sozialem Druck. Dem passen die Menschen langsam, aber sicher ihre Aussagen, Sprachweisen und Verhaltensmuster an. Das führt zu einer Häufung von kleinen, sozial verträglichen Zwecklügen, die man noch nicht wirklich als Lügen bezeichnen kann, was sich aber schnell ändert, denn die Herrschaft des Narrativs führt zu immer extremeren Formen der Anpassung. Letztendlich bleibt dem Menschen nur mehr die eine Möglichkeit, will er nicht »gecancelt« werden: Dinge zu sagen, von denen er weiß, dass sie nicht stimmen. Die Lüge als solche hat ihren Platz in der Gemeinschaft gefunden, und sie beansprucht immer mehr davon. Wir erleben diese Vorgänge, die aus dem 20. Jahrhundert bestens bekannt sind, unter neuen Vorzeichen.

Wo im Kommunismus und Nationalsozialismus von allen Beteiligten, inklusive der Beherrschten, gelogen wurde, dass sich die Balken bogen, so fand dies bekanntlich in ausgewiesenen Diktaturen statt. Heutzutage aber sind wir Zeugen, wie dieser Prozess zum allerersten Mal in einer freien, dem Namen nach demokratischen Gesellschaft, die auf vermeintlich gesundem, rechtsstaatlichem Boden steht, abläuft. Hierin liegen Besonderheit und Gefahr unserer historischen

Alexander Solschenizyn

»Rebellion ist das Recht
der Menschen.«

John Locke

Situation. Noch sind die Auswirkungen relativ harmlos: gesperrte Accounts, Überwachung, soziale Ächtung nebst beruflichen Nachteilen, vielleicht sogar eine Hausdurchsuchung. Aber dabei wird es nicht bleiben. Je länger jeder Einzelne und wir alle weiterlügen, also Dinge sagen, von denen wir wissen, dass sie nicht stimmen, umso größer wird der Druck, dem wir ausgesetzt sind. Das ist nur zwangsläufig, denn je größer der Lügenkomplex, desto rigider müssen die Maßnahmen sein, ihn zusammenzuhalten.

Solschenizyn, der genau diesen Mechanismus in seinem *Archipel Gulag* auf 2000 Seiten penibelst dokumentiert hat, meinte: »Die Gewalt findet ihre einzige Stütze in der Lüge, die Lüge ihre Stütze in der Gewalt.« Weit ist der Weg nicht mehr, den wir gehen müssen, um die Wahrheit dieses Zitats am eigenen Leib zu erfahren.

So schwer die Analyse der Situation auch auszuhalten sein mag, so leicht ist der Ausweg, den Solschenizyn ebenfalls skizziert. Er beschließt für sich selbst: Ich werde nichts mehr sagen, von dem ich weiß, dass es nicht stimmt. Nur so kann der Teufelskreis, in dem wir stecken, noch durchbrochen werden, bevor irreversible Ereignisse eingetreten sind.

Wie ein Narrativ durchgesetzt wird

Nach all diesen theoretischen Betrachtungen und Erwägungen wollen wir uns im dritten und letzten Teil dieses Kapitels wieder der konkreten Wirklichkeit und damit Twitter zuwenden. Der Kurznachrichtendienst ist, wie wir inzwischen wissen, das wichtigste globale Nachrichtenmedium und als solches Schlachtfeld und Partei im weltweiten Ringen zwischen Freiheit und Totalitarismus. Hier ist der Ort, wo Narrative in Konkurrenz zur Wirklichkeit treten und letztlich über diese triumphieren.

Wie die Taktik aussieht, haben wir am Beispiel Napoleon gezeigt, der durch die Schaffung lokaler Überlegenheit seine zahlenmäßige Unterlegenheit ausgeglichen hat. Nun wollen wir uns näher mit den Waffen, die dabei zum Einsatz kommen, beschäftigen. Zu diesem Zweck möchten wir uns noch einmal den Umgang der Twitter-Gewaltigen mit Donald Trump näher ansehen.

Die Vorgänge rund um die Ereignisse zwischen dem 6. und 8. Januar 2021, belegt durch die Twitter Files, sind nur die Spitze des Eisberges. Trumps Geschichte als Präsidentschaftskandidat 2016 sowie als 45. Präsident der Vereinigten Staaten ist auch eine Chronik der Denunziation. Das Ziel: Trump und seine Anhänger sollen mit allen Mitteln als unmoralisch und menschenfeindlich dargestellt werden. Schließlich gibt die Twitter-Führungskraft Yoel Roth 2017 bekannt, dass im Weißen Haus tatsächlich Nazis sitzen. Damit hat er den Ton, der seit Beginn der Trump-Präsidentschaft auf dem Kurznachrichtendienst angeschlagen wird, vorgegeben. So wie Barack Obama schon vor Amtsantritt als Friedenspräsident mit dem Friedensnobelpreis ausgezeichnet wird, wird Trump einfach mal als Kriegsverbrecherpräsident bezeichnet und auf eine Stufe gestellt mit Hitler.

Fortan können seine Anhänger als Faschisten beschimpft werden, was im Endeffekt nichts anderes bedeutet als Menschenfeind. Dabei scheint es völlig unerheblich, wie stark der faktische Anteil solcher Beschuldigungen ist. Fast scheint es, dass, je schmaler die Faktenbasis für die Anwürfe ist, umso apodiktischer und kompromissloser fallen die Anschuldigungsexzesse aus. So auch im Falle Trump, der tatsächlich als erster US-Präsident seit Langem keinen neuen militärischen Konflikt begonnen hat. Ganz anders als sein Vorgänger und Friedensnobelpreisträger Barack Obama, der den Drohnenkrieg eskalieren ließ.

Mit der Denunziation einher geht die Entmenschlichung Andersdenkender. Wenn wir den offenen Mordaufruf als höchste Form der Entmenschlichung betrachten, dann hat die Hasskampagne gegen Trump in dieser Hinsicht einiges zu bieten. So existieren 2017 mehr als 12 000 Tweets, welche die Ermordung Trumps verlangen.[252] Doch die Entmenschlichung beginnt schon viel früher, zum Beispiel, wenn Andersdenkende als Ratten bezeichnet werden. So schreibt der Journalist Dan Rather am 17. Oktober 2020 auf Twitter: »Es ist verführerisch, das Bild von den Ratten, die das sinkende Schiff verlassen, für die republikanischen gewählten Amtsträger zu bemühen, die sich nun gegen Trump aussprechen. Aber tatsächlich ist es nicht fair den Ratten gegenüber, denn die sind normalerweise nicht am Untergang von Schiffen beteiligt.«[253]

Um Andersdenkende und -meinende aus der Gemeinschaft der Menschen auszuschließen und so sozial zu isolieren, zeitigt zudem die gute alte Nazikeule nach wie vor ansehnliche Erfolge. Wenn gar nichts mehr geht, geht immer noch der Nazi. Und wie wir alle wissen, braucht man Nazis oder denen, die zu solchen erklärt werden, nicht zuzuhören. Ja, mehr noch, bereits durch den Kontakt mit einem dieser »Nazis« lädt der Nichtnazi schon Schuld auf sich. Also wähnt man sich gut beraten, diese Unpersonen zu meiden, ganz gleich, was man von dem Vorwurf hält. Viele Leser kennen solche Situationen, die letzthin zur sozialen Isolation des Verfemten führen sollen, zur Genüge. Lange genug sich selbst überlassen, führen diese Prozesse dazu, dass selbst ein so renommiertes Magazin wie *Foreign Policy* sich dazu versteigt, im August 2017 folgenden Tweet zu verfassen: »Donald Trump is a Nazi sympathizer. Reuben Brigety writes for FP's Shadow Government.«[254] Eine Übersetzung des Tweets dürfte unnötig sein. Dafür kennt der gelernte Insasse der Bunten Republik derlei Totschlagargumente viel zu genau.

Man könnte das Sektiererisch-Groteske dieser inflationären Gleichsetzungen mit nationalsozialistischem Gedankengut seitens der bunten Eliten gelassen zur Kenntnis nehmen, stünde dahinter nicht eine genauso erschreckende wie gefährliche bildungslose Geschichtsvergessenheit. Einerseits führt die stupende Wiederholung, dieser oder jener Widerspruch gegen die Machenschaften der Neuen Weltordnung sei »nazi«, dazu, dass die Fähigkeit verloren geht, wirklich gefährliche von harmlosen Ideen und ihren Vertretern zu unterscheiden. Wenn alles »nazi« ist, ist gar nichts »nazi« – wir haben oben schon gesehen, warum. Und dies bedeutet in letzter Konsequenz: »Wer sich der Geschichte nicht erinnert, ist verdammt, sie zu wiederholen.«[255]

Vor diesem Hintergrund können wir nun auch die Hetzkampagne gegen Trump richtig einordnen. Blind vor Hass, schrecken die Verantwortlichen noch nicht einmal davor zurück, die eigenen Mitarbeiter zu braunen Unmenschen zu erklären. Dazu führen wir uns noch einmal den 30. Tweet der 5. Tranche vor Augen. In ihm wird zitiert, was Yoel Roth einem Kollegen gegenüber erklärt hat: »Mehrere Tweeps [Twitter-Mitarbeiter] haben die Banalität des Bösen zitiert und damit insinuiert, dass Menschen, die unsere Richtlinien umsetzen, wie Nazis agieren, die Befehle befolgen.« (5, Tweet 30)[256]

Ziel dieses Feldzuges ist die soziale Vernichtung andersdenkender Individuen im Sinne eines ideologisch einheitlich denkenden und handelnden Kollektivs. Diejenigen, die sich nicht willfährig diesem Kollektiv unterordnen, sind sozial Aussätzige, Hillary Clinton bezeichnete diese Menschen als »basket of deplorables«[257], als – frei übersetzt »einen verachtenswerten Haufen« also.

Der »Haufen der Verachtenswerten«, also die Wähler Donald Trumps, sind mithin Rassisten, Sexisten, Homophobe, Xenophobe und Islamophobe. Ohne Ausnahme. Und das nur aufgrund der Tatsache, dass diese Menschen sich erkühnten, in einer freien und geheimen Wahl ihr Kreuz nicht bei Hillary gemacht zu haben. Die Inanspruchnahme des freien Stimmrechts ist für Menschen wie Clinton schon ein moralisches Verbrechen. Damit ist sie nicht alleine, denn wie wir gesehen haben, wartet man in der Twitter-Führung nur auf irgendeine Äußerung des Anfang Januar 2021 noch amtierenden Präsidenten, und sei sie noch so trivial, um ihn und Zehntausende Anhänger zu brandmarken und auszustoßen. Den Gefallen erweist ihnen Trump, wie gesehen, mit zwei harmlosen Tweets am Morgen des 7. Januar. In dem einen preist er seine Wähler (5, Tweet 2)[258], in dem anderen gibt er seine Nichtteilnahme an den Feierlichkeiten rund um den offiziellen Amtsantritt Bidens bekannt. (5, Tweet 3)[259] Diese Posts werden ihm von Twitter als Aufruf zur Gewalt ausgelegt. Gewalt beginnt für die Tweeps demnach in dem Moment, in dem sich ein Mensch den Sprachregelungen der bunten Ideologen widersetzt. Aufgrund dieser vermeintlichen Grenzüberschreitung erlauben die Globalisten sich, das Notwehrrecht in Anspruch zu nehmen. Wer das ausübt, was die bunten Eliten »Gewalt« nennen, hat für die bunten Gutmenschen keine Daseinsberechtigung innerhalb unserer Gesellschaft. Der Täter muss aus der Sozialgemeinschaft verstoßen werden. Noch verfügen unsere Gegner nicht über die komplette Macht, dergleichen tatsächlich durchsetzen zu können. Aber sie geben sich alle Mühe.

3. Dimension: Systeme außer Kontrolle – Twitter und die Bunte Republik

In der dritten Dimension laufen die Erkenntnisse aus den vorherigen Kapiteln zusammen. Das heißt: Die Vorgänge bei Twitter, die wir bislang untersucht haben, sind für sich selbst genommen bereits aufsehenerregend genug. Gleichwohl ist das bisher Gesagte nicht nur auf Twitter anwendbar. Die gleichen Mechanismen, hier unter dem Schlagwort Nationalstaat, treffen ebenfalls auf die Bunte Republik zu.

Hüben wie drüben werden Grundsätze mit Füßen getreten, sobald diese dem Narrativ Grenzen zu setzen versuchen. Was bei Twitter das Mission Statement, ist in der Bunten Republik die Verfassung. So etwa bei dem Versuch grüner Regierungsmitglieder im Frühjahr 2023, die grundgesetzlich verankerte Schuldenbremse für Umweltzwecke zu umgehen.[260] Oder als Angela Merkel einen ihrer Hofschranzen auf den Höchstrichterposten setzt und von ihm sämtliche Coronamaßnahmen absegnen lässt.[261]

So wie bei Twitter das narrative Gleichsprech in ein Gleichdenk mündet, so auch in der Bunten Republik. Keine Zeitung, kein Fernsehformat, kein kritischer Journalist muckt auf. Natürlich auch deswegen nicht, weil es um Geld und Karrieren geht, keine Frage. Viel schlimmer aber ist eine andere Tatsache: Die willfährigen Handlanger des politmedialen Komplexes *können* gar nicht mehr kritisch sein. Nicht, weil sie aus Angst vor etwaigen Nachteilen verstummen, sondern weil ihr gesamtes Sprechen und Denken so etwas wie Widerstand gar nicht mehr möglich macht. Das schleichende Gift der gelenkten Desinformation im Netz, die Herrschaft des Narrativs hat sich schon so weit durchgesetzt, dass Gegenstimmen nur mehr von den Rändern der Gesellschaft her laut werden können.

Doch wie konnte es so weit kommen – bei Twitter und in Deutschland? Das ist die Frage, die uns nun beschäftigen wird.

Alles beginnt damit, dass sowohl bei der Gründung der BRD wie auch des Kurznachrichtendienstes eine prinzipiell gute und freiheitsliebende Idee Pate stand. Doch mit der Ideologie kommt der Verfall und damit die totalitäre Versuchung. Die Coronap(l)andemie sowie der Ukrainekrieg belegen, wie weit die Gesellschaft ihr bereits erlegen ist.

Alles begann mit einer guten Idee

Die beinahe schon romantische Erinnerung daran, wie der Mikroblogging-Dienst mit dem zwitschernden Vogel einst gestartet ist, durchzieht die Twitter Files wie ein roter Faden. Stellvertretend dafür sei noch einmal Matt Taibbis 5. Tweet aus der ersten Tranche zitiert, in dem er an das ursprüngliche Mission Statement des Kurznachrichtendienstes erinnert. Demnach sei Twitter ins Leben gerufen worden, um »Ideen und Informationen sofort und ohne Barrieren zu erstellen und zu teilen«. (1, Tweet 5)[262]

Dahinter steht die Überzeugung, dass eine möglichst weitgehende Meinungs- und Redefreiheit die Grundlage der Freiheit bildet, sowohl individuell wie gesellschaftlich. Zudem ist sie Voraussetzung für die zivilisatorische Weiterentwicklung des Menschengeschlechts hin zu mehr Miteinander und Füreinander, getreu dem Motto »Wer miteinander redet, schießt nicht aufeinander.«

Dass es sich hierbei nicht nur um ein hohles Bekenntnis gehandelt hat, belegen die ersten Jahre des Kurznachrichtendienstes. Rund um das Jahr 2010 weiß die Politik noch immer nicht so recht, was sie mit den neuen Technologien und Kommunikationsformen anfangen soll. Wie wenig, demonstriert eine Äußerung der früheren Kanzlerin Angela Merkel aus dem Juni 2013, als sie bei einer Pressekonferenz anlässlich des Besuches von Barack Obama verlautbaren lässt:»Das Internet ist für uns alle Neuland.«[263]

Merkel hat für diesen Satz viel Hohn und Spott einstecken müssen. Zu ihren Gunsten soll allerdings nicht unerwähnt bleiben, dass damals die sozialen Medien und insbesondere Twitter noch frei sind und die weitere Entwicklung daher nicht absehbar ist. So scheinen sich die größten Gefahren, die Anfang der 2010er-Jahre von den digitalen Medien ausgehen, in aus dem Ruder gelaufenen Privatpartys zu erschöpfen.[264]

Das ändert sich spätestens mit Beginn des US-Wahlkampfes 2015/16, als der im Vorfeld viel belächelte Donald Trump im Stile eines altrömischen Volkstribuns die Eliten der Macht vor sich hertreibt. Seine Hauptwaffe: Twitter. Er weiß den Kurznachrichtendienst geradezu meisterhaft zu nutzen, um, an Pressestellen vorbei, mit dem Wahlvolk in ungefilterten Kontakt zu treten. Das ist aber beileibe nicht seine größte Sünde. Diese besteht vielmehr darin, die Schwächen und blinden Flecken seiner Konkurrenz ebenso humorvoll wie beißend der Lächerlichkeit preiszugeben. Damit versetzt er seine Gegner so in Panik, dass die keinen anderen Ausweg mehr sehen, als ihn – auf welche Weise auch immer – loszuwerden. Wie die Vertreter der Neuen Weltordnung dabei vorgehen, haben uns die Twitter Files vor Augen geführt.

Die Dämme brechen endgültig, als Donald Trump die Wahl gegen Hillary Clinton gewinnt. Von nun an ist Twitter endgültig zur Waffe im weltweiten Informationsguerillakrieg geworden. Hier werden Narrative konstruiert und durchgesetzt. Ob sie der Wahrheit und Wirklichkeit entsprechen, ist gleichgültig. Vielmehr geht es, koste es, was es wolle, darum, die totalitäre Ideologie von der einen bunten Welt auf ihrem Weg zur unumschränkten Herrschaft voranzubringen. Das beginnt mit der Behauptung von der Errichtung einer faschistischen Diktatur durch Trump und hört beim Geschlechterkrieg aller gegen alle noch lange nicht auf.

Schauen wir uns nun die Geschichte des westlichen Nachkriegsdeutschlands an, so können wir eine ganz ähnliche Entwicklung feststellen. Als das Grundgesetz am 23. Mai 1949 in Bonn verkündet wird, gilt es weltweit als eines der freiheitlichsten seiner Art. Nach der Katastrophe der nationalsozialistischen Herrschaft, welche die Würde des Menschen mit Füßen getreten hat, steht ebendiese in der Bundesrepublik an oberster Stelle. »Die Würde des Menschen ist unantastbar«, lautet denn auch der erste Artikel des deutschen Grundgesetzes.

»Einigkeit und Recht und Freiheit.«

Daraus resultiert ein angenehm friedvolles und kleinlautes Nachkriegsdeutschland, das allen Missionierungsansprüchen abhold ist und sich in partnerschaftlicher Solidarität übt. Oder wie es der Publizist und Autor Günter Maschke formuliert: »Die Bundesrepublik, halb ordentlicher Industriehof, halb Naherholungszone mit regelmäßig geleertem Papierkorb, dieses handtuchbreite Restland, dessen Bewohner nach Harmlosigkeit gieren, ist zugleich das Land, in dem jeder zum Verfassungsfeind des anderen werden kann.«[265]

Mit der Wiedervereinigung geht die erste klare Veränderung des Staates einher. Aus der spießbürgerlichen Gemütlichkeit des Rheinlandes in die harte Welt Preußens – mit dem Umzug von Bonn nach Berlin stehen Ansprüche und Begehrlichkeiten wieder auf, die überwunden geglaubt schienen. Nicht nur wird Deutschland nun am Hindukusch verteidigt, reckt das beste Deutschland aller Zeiten jetzt auch wieder kühn das Haupt in luftige Höhen. Und zwar als *moralische* Supermacht. Mit einem Mal sieht man sich in Berlin wieder in der Rolle, der Menschheit den Weg in eine bessere Zukunft zu weisen, getreu dem Motto »Am deutschen Wesen mag die Welt genesen.«[266] Doch anders als früher zittern die morschen Knochen der Welt nicht vor deutscher Kanonenbootpolitik. Stattdessen ist das wiedervereinigte bunte Deutschland zum Gespött der Völkergemeinschaft geworden. Der narrativ gesteuerte Anspruch, eine moralische Supermacht zu sein, bleibt notwendigerweise jenseits der deutschen Außengrenzen völlig unbemerkt. Kein Wunder, sind es im Rest der Welt immer noch Waffen und Wirtschaftsleistung, die den Einfluss bestimmen. Zunehmend müssen die deutschen Eliten das Versagen ihrer Idee hinnehmen. Da sich der Geltungsdrang Deutschlands nicht mehr nach außen durchsetzen kann, beginnt er sich zunehmend nach innen zu richten.

Wenn wir in Deutschland einen Zeitpunkt bestimmen müssten, an dem das Verhältnis von Realpolitik und Ideologie gekippt ist, so können wir, ähnlich wie bei Twitter, diesen um die Mitte der 2010er-Jahre festmachen. Die Hass- und Hetzkampagne gegen Trump fällt vor allem in Deutschland auf fruchtbaren Boden. So bekleidet die ARD laut einer Harvard-Studie eine Spitzenposition, noch vor den US-Medien, wenn es um die negative Berichterstattung über den 45. US-Präsidenten geht.[267] Diese heftige Reaktion auf bunt-deutscher Seite ist dadurch zu erklären, dass die Wahl Trumps eine ernsthafte Bedrohung für das System darstellt. Mit ihm hat der Widerspruch ein Gesicht bekommen, er ist der Kristallisationspunkt aller

Widerständigen gegen die totalitäre Neigung der narrativgesteuerten Eliten. Nur so ist auch zu verstehen, wieso ausgerechnet die sozial schwachen Milieus den Milliardär Trump zu ihrer Identifikationsfigur gemacht und ihn gewählt haben.[268] Verschärfend kommt in Deutschland dazu, dass zum Zeitpunkt der Wahl von Trump seit mehr als einem Jahr die zunehmend polarisierende Debatte über die staatlich beförderte unkontrollierte Migration nach Deutschland tobt und ihre gesellschaftlichen Folgen hinterlassen hat. Aus Meinungsverschiedenheiten sind mittlerweile ideologische Gräben mit verhärteten Fronten geworden.

Diese sich zunehmend zu einem regelrechten geistigen Bürgerkrieg entwickelnde Auseinandersetzung spielt sich vor allem im Internet beziehungsweise in den sozialen Medien ab. Da haben wir auf der einen Seite PEGIDA und die AfD, beides Oppositionsphänomene, denen der Sprung aus der virtuellen in die analoge Welt gelungen ist. Auf der anderen Seite steht der politmediale Komplex, der nichts unversucht lässt, die Widerspenstigen gesetzlich zu kriminalisieren und polizeilich verfolgen zu lassen, sei es durch Zensurgesetze wie das berüchtigte Netzwerkdurchsetzungsgesetz (NetzDG) oder mithilfe von Hausdurchsuchungen aufgrund eines renitenten Tweets.

Mit dem Narrativ kommt der Verfall

Wenn wir die Entwicklung von Twitter und die der Berliner Republik miteinander vergleichen, so erkennen wir, dass beide Systeme in dem Moment außer Kontrolle geraten, in dem das Narrativ beginnt, die Wirklichkeit zu dominieren.

Systemischer Kontrollverlust tritt ein, sobald Regeln nur dann beachtet werden, wenn sie die eigenen Vorteile und Absichten unterstützen.

Diese Tendenzen sind auch immer wieder in gesunden demokratischen Rechtsstaaten zu beobachten, allerdings wird hier stets gegengesteuert und korrigiert. Hintergrund dafür ist die Gewaltenteilung, die das garantiert, was man im angelsächsischen Raum »Checks and Balances« nennt. Mithin wird so das Individuum vor dem Machtanspruch anderer Individuen oder vor Institutionen geschützt.

In einer Situation aber, in der Narrative herrschen, werden Regeln gebrochen. Nicht zufällig, sondern aus der Notwendigkeit heraus. Der Grund hierfür liegt in der engen Verbindung von Regel (Gesetz) und Wirklichkeit. Wirklichkeit ist das nach Regeln bestimmte Werdende, Funktionierende. Nicht umsonst sprechen wir alltäglich ganz unbefangen von Gesetzen und meinen sowohl diejenigen unseres Staates als auch die der Natur. Denn Natur ist wirklich und das deswegen, weil sie nach Regeln, Naturgesetzen operiert. Unsere demokratischen Rechtsstaaten sind ihrem Wesen nach nichts anderes als unvollkommene Nachbildungen der Natur. Denn hier wie da treffen unterschiedliche, einander widersprechende Kräfte aufeinander, deren Konflikte mit der Zeit evolutiven oder sozialen Fortschritt bringen. So wie ein gesundes Ökosystem neben anderem eine ausgewogene Balance zwischen Pflanzen- und Fleischfressern braucht, so benötigt ein gesunder Staat eine gute Balance zwischen Progressiven und Konservativen. Ihre unterschiedlichen Wahrheiten generieren eine Wirklichkeit, die grundlegend für das Zusammenleben aller Menschen in einer demokratischen Gesellschaft ist. Alles, was diese Balance, sowohl in der Natur als auch im Staat, gefährdet und schwächt, zerstört letztendlich Ökosystem wie Staat.

Wenn nun das Narrativ dominiert, kann es keine andere Meinung als die eigene mehr tolerieren, das heißt, die notwendige Balance kippt, und Regeln verlieren ihre Gültigkeit in genau dem Maße, in dem das Narrativ seine Macht ausweitet. Der Volksmund kennt für diesen

Zustand ein treffendes Sprichwort: Der Zweck heiligt die Mittel. Um das Klima zu retten, Menschen Zuflucht zu gewähren oder den Krieg in der Ukraine zu gewinnen, ist jedes Mittel recht und zulässig. Nicht nur wird kein rationales Argument dagegen mehr zugelassen, schlimmer noch, es darf gelogen und betrogen werden, denn die Erreichung des Ziels, die Umsetzung des Narrativs, ist jedes Opfer wert.

Auf Twitter und die Bunte Republik angewendet, bedeutet diese Erkenntnis, dass das Unternehmen Twitter, wie wir in den veröffentlichten Files vielfach gesehen haben, seine eigenen Regeln spätestens ab der Trump-Wahl 2016 ad absurdum führt. In diesem Zusammenhang sei noch einmal exemplarisch an das Kapitel 8 erinnert, das sich mit der Beteiligung des Kurznachrichtendienstes an verdeckten Operationen der psychologischen Kriegsführung beschäftigt[269], wohingegen die Berliner Republik das deutsche Strafgesetzbuch regelmäßig der Lächerlichkeit preisgibt, indem sie immer öfter das moralische Gebot über das Gesetz stellt. Zum Beispiel, wenn in der Bunten Republik Vergehen gegen die sexuelle Selbstbestimmung durch Migranten, vulgo Vergewaltigungen, keine oder nur geringfügige Strafen nach sich ziehen, weil nicht sein kann, was nicht sein darf.[270] Schließlich wurden diesen Menschen Tür und Tor geöffnet, nicht zuletzt, um die armen westeuropäischen Frauen vor der patriarchalen Tyrannei des weißen Mannes zu schützen. Oder wenn ein ehemaliger Bundestagspräsident, in diesem Falle Wolfgang Thierse, eine genehmigte Demonstration von Rechten blockiert.[271] Oder wenn sogenannte Klimaaktivisten den Verkehr lahmlegen und damit den Strafbestandbestand der Nötigung erfüllen, dennoch aber regierungsseitig in ihrem rechtswidrigen Tun bestärkt werden.[272]

Allein an diesen drei Beispielen zeigt sich mit Bestimmtheit, was wir bereits erklärt haben: Die Herrschaft des Rechts neigt sich ihrem Ende zu, die Herrschaft des Narrativs steht bevor. Was schwarz auf weiß in

Gesetzesbüchern steht, verliert zunehmend an Bedeutung gegenüber dem erlösungsschwangeren Heilsgedanken der bunten Eliten.

Ganz nach den strengen Gesetzen der Geschichte geht nun dieser Verfall vor sich. Zuerst brechen Pandemien aus, dann Kriege. Wenn Zivilisationen untergehen, so geschieht das stets nach diesem Muster. Allerdings ist Geschichte kein starrer Prozess, sondern eine dynamische Entwicklung, weshalb jedem Untergang auch immer ein rettender Charakter zugeteilt wird.

Nun werden wir die Phänomene Corona und Ukrainekrieg genau untersuchen, um festzustellen, welche Rolle die in kollektiver Amnesie befindlichen Narrativknechte hierbei spielen und wer der Retter in höchster Not sein könnte.

Totalitäre Lockerungsübungen: Corona und der Ukrainekrieg

In den zwei vorangegangenen Kapiteln haben wir gezeigt, wie die beiden Systeme Twitter und Berliner Republik außer Kontrolle gerieten. Dabei haben wir die Macht der Ideologie sowie die totalitären Gefahren kennengelernt, die aus der Dominanz ideologisch motivierter Narrative resultieren.

Im Folgenden werden wir anhand zweier Beispiele demonstrieren, wie Narrative zum Einsatz kommen, um die Neue Weltordnung auf Kosten der Demokratie voranzutreiben. Die Twitter Files, der Ukrainekrieg und die Seuche bilden einen starken Zusammenhang. Die drei Phänomene bestimmen einander wechselseitig. Wer etwa die Vorgänge während Corona ohne die Ereignisse, die sich in den Twitter Files gezeigt haben, zu verstehen sucht, wird scheitern. Das

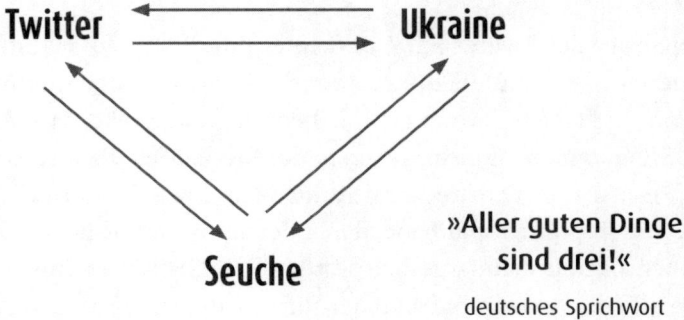

»Aller guten Dinge
sind drei!«

deutsches Sprichwort

heißt: Die Bedeutung der ideologischen Besessenheit der Eliten und ihre blinde Furcht vor den Menschen, die sie zu beherrschen trachten, kann erst vollständig sichtbar werden, indem man die beiden Phänomene in Beziehung setzt. Die Eskalation dieses Verhältnisses, das weit über Menschenrechtsverletzungen und die Missachtung der Twitter-Regeln hinausgeht, ist der Ukrainekrieg. Im Tod Hunderttausender wird die mörderische Natur der Dynamik, in der wir uns befinden, sichtbar.

Indem wir die beiden anderen Geschehnisse, den Krieg und die Seuche, in Beziehung zu den Vorgängen bei Twitter setzen, wird es möglich, den Auswüchsen der machtbesessenen Eliten die Stirn zu bieten. So wie Dampfmaschine, Landflucht und Kapital zur Industrialisierung führen, und damit ganz wesentlich die Weltgeschichte für die nächsten 200 Jahre prägen, werden die drei Hauptthemen unseres Buches die Zukunft bestimmen. Unter welchem Titel und mit welchem Ausgang, ist unklar. Aber wenn die Zukunft positiv sein soll, dann kann die Rettung unserer Zivilisation nur gelingen, indem wir wissend und denkend handeln. Das folgende Kapitel versteht sich als eine erste Skizze in diesem Prozess.

Corona

In Kapitel 10 der Twitter Files, in dem es um die Einflussnahme interessierter Kreise auf die Informationslenkung und Meinungsmanipulation in Sachen Corona geht, haben wir festgestellt, dass das in den USA ersonnene Zensursystem in der Bunten Republik seine willigsten Helfer und Vollstrecker gefunden hat. Inzwischen ist es nicht länger die Impfpflicht, anhand derer der Informationsguerillakrieg von oben nach unten dargestellt werden kann. Stattdessen ist es die Maske, die die Auswirkungen einer Informationskriegsführung, wie wir sie in den Twitter Files kennengelernt haben, am offensichtlichsten vor Augen führt. Selbst nach Ende der Maskenpflicht lässt sich an ihr die Spaltung der Gesellschaft ablesen.

Die Maske ist das Symbol der Coronap(l)andemie. Sie verkörpert alle politischen und gesellschaftlichen Fehlentwicklungen in jener Zeit. Nicht nur, dass sogenannte »Maskendeals« das Einfallstor groß angelegter Korruption darstellen.[273] Darüber hinaus ist die Maske zum Zeichen für die Spaltung der Gesellschaft und ihre Entdemokratisierung geworden. Durch sie ist es möglich, die Spreu vom Weizen zu trennen, soll heißen: Konforme von Nonkonformen. Den einen, die sich dem Coronaregime und seinen Maßnahmen unterwerfen, verspricht sie Macht und erlaubt es ihnen, sich über andere zu erheben und sie zu verunglimpfen. Damit erfüllen sie einen ähnlichen Zweck wie ein Tweet, mit dem man ein Bekenntnis zur Neuen Weltordnung ablegt. Dementsprechend sind die anderen – die Maskenverweigerer – Unmenschen, Rechte oder gar Mörder. Das Land ist nun also geteilt in gute Staatsbürger und böse Maskenverweigerer. Damit ist die Demokratie, wie wir sie kennen, am Ende.

Was ist passiert? Im Januar 2020, das Coronavirus ist noch nicht in der Berliner Republik eingetroffen, lässt der berühmt-berüchtigte spätere »Coronapapst« Christian Drosten verlauten: »[...] die technischen Daten dazu sind nicht gut, für das Aufhalten der Maske.«[274] Doch diese Einstellung ändert sich bald. Ob und inwieweit eben schon erwähnte »Maskendeals« dabei eine Rolle gespielt haben, werden Gerichte überprüfen müssen. Fakt ist allerdings, dass bereits im März 2020 der Einsatz der Maske forciert wird.[275] Seither ist sie ein Zankapfel. Oder vielleicht sollte man besser sagen: der oben erwähnte Gesslerhut.

Je mehr Bereiche des öffentlichen Lebens mit dem Zwang zum Maskentragen belegt werden, umso unsinniger und energischer wird er verfolgt, und zwar nicht nur von den Stellen, von denen man nichts anderes erwartet, also der Exekutive, nein, es sind Freunde, Kollegen, Nachbarn, die sich plötzlich als inoffizielle Blockwarte gerieren.

Bemerkenswert ist an dieser Stelle der Zusammenhang zwischen Diktatur und Maskenzwang. China, ganz sicher kein liberaler Rechtsstaat, kennt in dieser Zeit überhaupt keinen Maskenzwang.[276] Dabei ist es diese Art von Zwang, die man gemeinhin als den Vorteil von Diktaturen versteht: Sie können harte Entscheidungen schneller fällen. Das Ursprungsland von Covid scheint aber der Bedeutung der Maske zu misstrauen oder zweifelt an der Umsetzbarkeit derselben.

Frappant ist der Umgang Japans mit der Maske. Seit schweren Influenzaepidemien in den 1960er-Jahren ist das Maskentragen im Land des Lächelns gesellschaftlich vollkommen normalisiert. Als aber Premier Shinzo Abe öffentlich laut über eine Maskenpflicht nachdenkt, brechen ein Sturm der Entrüstung und viel Spott über ihn herein.[277] Die japanische Seele, sicher nicht die aufrührerischste unter dieser Sonne, lässt sich ein solches Mandat nicht bieten. In Deutschland hingegen wird die Maske der Bevölkerung ohne Evidenz oder Tradition einfach aufoktroyiert.

Wenn Maskentragen kein kulturell anerkanntes deutsches Verhalten ist und es keine wissenschaftliche Evidenz dafür gibt, stellt sich die Frage nach den Gründen für die weitgehende Bereitschaft der Bevölkerung, dem Mandat zu folgen. Wir haben es hier mit dem alten deutschen Untertanengeist in einem modernen Kleid zu tun. Inzwischen reichen die Ankündigungen von Grundrechtseinschränkungen und Anweisungen zur Lebensführung enthaltende Tweets eines irrlichternden Gesundheitsministers, der sich des Nachts auf Twitter herumtreibt, aus, um den Diederich Heßling[278] zu wecken.

Dieser neumodische kurznachrichtendienstliche Regierungsstil, der vor allem in der Ampel-Regierung gepflegt wird, gemahnt an die Art des Herrschens absoluter Monarchen: Ohne Parlament werden persönliche Wünsche für alle verpflichtend einfach per Dekret veröffentlicht. Oder aber an noch dunklere Kapitel unserer Geschichte, als Gesetze durch Führererlässe ersetzt wurden. In diesem Sinn muss man die Maske ohne alle Zweifel als Parteibrosche, Kokarde oder gar als schwarzes Hemd bezeichnen. Ja, treffender vielleicht handelt es sich bei der Maske um eine Wiedergängerin der früher allseits beliebten Kampfbinde. Man trägt sein Bessersein ganz ungeniert und plakativ vor sich her. Erst recht, nachdem im Frühjahr 2023 die P(l)andemie als beendet angesehen werden kann.

Somit wird unsere Rede von der Bunten Republik in ihrer gesamten totalitären Bandbreite erst richtig verständlich: Denn die sogenannten Braunen liebten ihren papageienbunten Uniformenpopanz, der sie als Anhänger der reinen Lehre auswies, ebenfalls über alles. Das bunteste Deutschland aller Zeiten ist somit in Wahrheit vielleicht das allerbraunste.

Dass es sich bei dieser Formulierung nicht nur um Polemik handelt, belegt die schon angesprochene Geheimkonferenz zwischen verschiedenen sozialen Medien, Lobbygruppen und Teilen der Bundesregierung am 2. Juni 2020. Damals ging es darum, das herrschende Narrativ der Regierung gegen allfällige Kritik zu immunisieren. Unter dem Code »Fehl-, Falsch- und Desinformation« verhandeln die Teilnehmer letztendlich die Aufhebung der Meinungsfreiheit, was gleichbedeutend mit dem Außerkraftsetzen der demokratischen Realverfassung der Bundesrepublik ist.

Wahre Information entsteht in einem komplexen, vielschichtigen Austauschprozess verschiedener sozialer Milieus. Radikal verkürzt heißt das: Die Ideen des genialen Wissenschaftlers und seine Beweise müssen auch immer von der Menge der Bevölkerung akzeptiert und umgesetzt werden können. Der Versuch der Mächtigen, diesen Vorgang abzukürzen und faktische Wahrheit einfach zu dekretieren, wie zum Beispiel in der Sektion D der Neuen Weltordnung bei der Maskenpflicht, lässt sich nun dank der Twitter Files eindeutig und objektiv belegen. Das ist es, was wir oben meinten: die P(l)andemie und Twitter können in ihrer wahren Bedeutung nur gemeinsam verstanden werden.

Dem nächsten Element des Verhältnisses von Twitter Files, P(l)andemie und Ukrainekrieg widmen wir uns nun im kommenden Abschnitt.

Ukrainekrieg

Alles beginnt im Herbst 2013, als in der Ukraine über die Frage, ob sich Kiew eher gen Russland oder gen EU-Europa orientieren soll, innenpolitische Unruhen ausbrechen. Uns sind diese teils blutigen Ereignisse unter dem Begriff »Euromaidan« geläufig.[279] Im März 2014 besetzen von Moskau geschickte »grüne Männchen« die Krim sowie Gebiete in der Ostukraine. Das ist der Anfang des neuen Ost-West-Konfliktes.

Euromaidan

»Die blut'ge Saat gedieh zu blut'ger Ernte.«

Adelbert von Chamisso

Dieser wird seitens des Westens nicht weniger hart geführt, als er vor 40 Jahren zu Zeiten des Kalten Krieges geführt worden ist. Nur dass damals Rocky Balboa gegen Ivan Drago in den Ring steigen musste, um die Überlegenheit der USA und des Westens sowie die unmenschliche Verkommenheit der Sowjets in die Köpfe der Menschen zu brennen. Heute hat man andere, subtilere Wege, wie die Twitter Files uns gezeigt haben. Dieser Tage überschwemmt man die Welt mit antirussischer Propaganda und der Behauptung, russische Hackerarmeen würden Wahlen und überhaupt öffentliche Meinungen im Sinne Moskaus manipulieren – selbstverständlich entgegen besseren Wissens. Auch das haben uns die Twitter Files gelehrt: Die Wirklichkeit ist nichts, das Narrativ alles!

Spätestens seit Wladimir Putin am 24. Februar 2022 das Nachbarland angreift und so aus dem Ukrainekonflikt einen Ukrainekrieg macht, wissen wir endgültig, welche Rolle Europa und vor allem die Berliner Republik in diesem Stellvertreterkrieg spielen, nämlich nicht die eines eigenständigen Machtfaktors, der als dritte, eventuell moderierende Kraft zur Deeskalation fähig wäre. Stattdessen übt man sich in Brüssel und Berlin in Vasallentreue gegenüber Washington und übernimmt kritiklos das dort gefertigte Narrativ.

Dieses Verhältnis findet seinen reinsten Ausdruck in den hochrangigen Treffen der westlichen Unterstützerstaaten der Ukraine auf dem US-Militärflugplatz Rammstein. Da dieser mitten in Deutschland liegt, sollte eigentlich die Bundesregierung Gastgeber dieser Veranstaltung sein. Jedenfalls in einer Welt, in der sich Bündnispartner auf Augenhöhe begegnen. Doch wir sind im Jahr 2022, in dem mit der bunten Ideologie eine Weltanschauung regiert, die wir, von Twitter bis zur Ampel-Regierung, als Verkörperung der Neuen Weltordnung in der Alten Welt bezeichnen können. Mit all ihren Folgen.

Das fängt mit der Ziellosigkeit der europäischen und deutschen Kriegsbeteiligung an. Spätestens seit dem berühmten Militärtheoretiker Carl von Clausewitz wissen wir, dass es unerlässlich ist, vor jedem Waffengang Kriegsziele zu definieren: Was genau soll erreicht werden? Die Bedeutung dieser Fragestellung ist kaum zu überschätzen. Kriegsziele bestimmen den Einsatz, wirken integrativ und – das ist der wichtigste Aspekt – beenden einen Krieg. Oder anders ausgedrückt: Ziellose Kriege sind endlose Kriege.

Hinzu kommt: Nur wenn ein Ziel klar ausgesprochen und definiert ist, kann abgeschätzt werden, ob man sich ihm nähert oder sich von ihm entfernt. Im Nebel der narrativen Ideologie, die keine Unterscheidungen mehr kennen will, kann ein Fortschritt allerdings überhaupt nicht erzielt werden, da es keinen klar bezeichneten Punkt gibt, auf den man sich hinbewegt. Zur Verdeutlichung: In einen Zug einzusteigen, ohne eine Ahnung davon zu haben, ob man nach München oder Berlin will, führt nicht zu einem schönen, freien Reiseerlebnis, sondern mündet in Frustration und Elend an irgendeinem gottverlassenen Bahnsteig im Nirgendwo.

Alle Regierungen sträuben sich davor, Kriegsziele klar und deutlich zu benennen, denn damit wäre dem Wahlvolk ein Kriterium mit auf den Weg gegeben, anhand dessen man feststellen könnte, ob »da oben« gut oder schlecht gearbeitet wird. Bei normalen, demokratischen Regierungen ist der Versuch, sich durchzuschwindeln, allein auf die menschliche Schwäche, Verantwortung übernehmen zu müssen, zurückzuführen. In unserem Fall aber hat das Versagen System. In einer Weltsicht, die es nicht gestattet, die Jäger- und Sammlerkulturen Namibias gegenüber Europa als weniger fortschrittlich einzustufen oder einfach auch nur zwischen Mann und Frau zu unterscheiden, bleiben Kriegsziele nicht aus Schwäche undefiniert, sondern aus Prinzip, was wiederum katastrophale Auswirkungen hat. Denn die gefallenen Soldaten und die anderen Kriegsopfer sind dann nicht gestorben, um ein Ziel zu erreichen, was immerhin im Moment ihres Sterbens Sinn ergibt, sondern sind einfach nur tot. Somit ist der Ukrainekrieg unter den Voraussetzungen nicht wirklich ein Krieg, sondern einfach nur ein sinnloses Gemetzel.

Dabei meint der Begriff Ziellosigkeit nicht alleine die Abwesenheit von Zielen, sondern ebenso ein Zuviel an Zielen. Oder, um im Bild der Zugreise zu bleiben: Genauso wie derjenige, der nicht weiß, wo er hinwill, sein Ziel niemals erreichen wird, so erreicht auch der es nicht, der alle Städte Deutschlands gleichzeitig besuchen will. Um dem Dilemma der zu vielen Ziele zu entgehen, behilft man sich dann einer Endsiegrhetorik im Stile einer Annalena Baerbock, die bekanntlich darauf aus ist, Russland zu ruinieren.[280] Damit steht sie eindeutig in der Tradition der antirussischen Propaganda, die ab 2014 auf Twitter Einzug gehalten hat.

Zuvor haben wir bereits anklingen lassen, dass es den bunten Machthabern nicht zuletzt an intellektuellem Vermögen fehlt, Kriegsziele zu formulieren. Dieses Unvermögen, in Zusammenhängen zu denken, paart sich historisch verhängnisvoll mit der Zeichenbegrenzung auf dem Mikroblogging-Dienst. Die bunten Ideologen, in ihrer Mehrheit Repräsentanten eines ohnedies verkümmerten Bildungssystems, finden mit der Beschränkung auf nur 280 Anschläge ein perfektes Biotop vor, in dem sie – ganz im Stile von Diktatoren – ihre eigenen Unzulänglichkeiten kaschieren können.

In diesem Kontext wollen wir einmal mehr an die Twitter Files erinnern, in denen wir erfahren, wie sich der Widerstand der Tweeps gegen die Löschanträge der Ämter, Behörden, Parteien und sonstigen Lobbygruppen der Neuen Weltordnung verändert. Nach und nach wird der Protest ritualisiert, bis er schließlich ganz ausbleibt, sodass von interessierter Seite nur noch die Namen von Accounts durchgegeben werden müssen, die »moderiert«, das heißt gesperrt werden sollen.

Die Unduldsamkeit der bunten Eliten haben wir im vorherigen Kapitel am Symbol der Maske beschrieben. In dem Fall betraf es den »Feind« im Inneren. Jetzt aber, unter anderen Vorzeichen, werden die Russen und die russische Kultur selbst zum Feind erklärt, da die neuen Götzen Genderideologie und Einwanderung in Russland nicht mit derselben Hörigkeit angebetet werden wie im besten Deutschland aller Zeiten.

So ist Russland einer der letzten Gesellschaftsentwürfe, die sich der Neuen Weltordnung mit ihrer bunten Ideologie nicht bedingungslos unterworfen haben. Das Narrativ verlangt von seinen Sklaven totale, grenzenlose Umsetzung. Nichts und niemand hat sich ihm zu widersetzen. So wie im 19. Jahrhundert die Welt in einer Mischung aus rassischem und kulturellem Überlegenheitsdünkel erobert und versklavt wurde, so macht man sich nun daran, die Welt durch das Narrativ zu kolonialisieren. Dass Klio, die Muse der Geschichtsschreibung, über eine gehörige Portion Humor verfügt, demonstriert dabei der Umstand, dass ausgerechnet jene, die den Antikolonialismus wie eine Monstranz vor sich hertragen, nun mit Inbrunst den neuen Kolonialismus betreiben. Dazu passt, dass das Kriegsgeschrei am lautesten aus jener Ecke der Gesellschaft schallt, in der man gemeinhin schon durch die Verwendung eines falschen Pronomens zu Tode traumatisiert ist.

Das bringt uns zum letzten Aspekt des Ukrainekrieges. Wenn es sich, wie wir gerade angesprochen haben, bei diesem Konflikt um eine Auseinandersetzung zwischen progressiv und konservativ handelt, lässt das den Schluss zu, dass es noch eine zweite Front in diesem Krieg gibt. Und die liegt im Inneren. Denn auch hier tobt der Kampf für und wider die Große Transformation, den Great Reset, die Neue Weltordnung.

Wie immer in der Geschichte sind es Systeme mit totalem Anspruch, die aufgrund innerer Missstände den Konflikt im Außen suchen müssen. Diktaturen herkömmlichen Zuschnitts operieren dabei stets unter nationalistischen Vorzeichen. Die neue Art der totalen Diktatur aber, die in Gestalt von Twitter und der Bunten Republik ihr Haupt erhebt, führt den Krieg nach innen wie nach außen unter dem Vorzeichen des Globalismus.

Das liegt daran, dass die in Narrativen formulierten Utopien solcher Diktaturen prinzipiell unerreichbar sind, was in einem notwendigen, unentrinnbaren Scheitern gipfelt. Sobald dieses Scheitern absehbar ist, beginnt der Krieg nach außen. Die Träume der bunten Ideologen von einer herrschaftslosen, egalitären, gewaltfreien und naturbelassenen Gesellschaft sind grundsätzlich unerreichbar. Weil aber immer jemand schuld sein muss und die Schuld ganz sicher nicht bei den Bunten selbst zu suchen ist, wird der Feind schnell und deutlich ausgemacht: im Inneren sind das wir – etwa die Autoren und die Leser dieses Buches –, nach außen ist es der böse Russe.

So formuliert es jedenfalls der Hauptverantwortliche für die Twitter Files selbst. In einem Gespräch mit dem Podcaster Joe Rogan[281] erläutert Matt Taibbi seine wichtigste Erkenntnis, die er bei der Arbeit an den Files gewonnen hat. Er hat festgestellt, dass die bunten Ideologen versuchen, dieselben Feindbilder aufzubauen, wie es die imperialistischen Machthaber der USA mit ihren außenpolitischen Gegnern – egal, ob Noriega, Saddam Hussein oder Osama bin Laden – gemacht haben. Nur dass sie diesmal, unter dem Druck der innenpolitischen Zustände, die Dämonisierung auf den Feind im Inneren, die Andersdenkenden, anwenden.

Dies ist der zentrale Gehalt der Twitter Files: *Wir* sind der Feind und werden von den bunten Eliten auch als solcher behandelt. Daher ist es kein Zufall und keine Panikreaktion, wenn einer der prominentesten Vertreter jener bunten Echokammer, Justin Trudeau, die Gegner seiner Coronamaßnahmen-Politik als Terroristen betrachtet. Wie der Hamburger Innensenator in der »Pimmelgate«-Affäre handelt auch der kanadische Premier aus voller Überzeugung. Meinungen, die von den seinigen abweichen, haben nicht zu existieren, und wenn doch, dann sind sie terroristischer Natur. Die demokratische Auseinandersetzung als Antiterroreinsatz in Permanenz. Trudeau steht mit dieser Sichtweise keineswegs alleine da. Im Gegenteil, die Twitter Files sollten zur Genüge veranschaulicht haben, dass wir diese Denke als allgemeingültig bewerten können.

In diesem Zusammenhang sollten wir nicht vergessen, dass Terroristen über keinen Schutz verfügen. Und das bedeutet: So wenig, wie die Genfer Konvention Osama bin Laden schützte, so wenig werden uns die Verfassung und die Menschenrechte schützen. Nach erfolgter Dämonisierung werden wir sozial geächtet und schließlich ausgemerzt werden.

4. Dimension: Ein gutes Zeichen

Wir haben gesehen, was die Twitter Files sind, was sie darstellen und welche Probleme durch sie aufgedeckt wurden. Wir konnten verfolgen, wie seit Mitte der 2010er-Jahre die Informationslenkung und Meinungsmanipulation seitens der Neuen Weltordnung immer schamloser vonstattengegangen ist – bis hin zur Sperrung des mächtigsten Mannes der Welt. Oder anders formuliert, könnte man sagen: Die Twitter Files haben uns ein Guckloch eröffnet, durch das wir einen Blick in den War Room der bunten Freiheitsfeinde werfen konnten.

Mindestens genauso wichtig wie die Frage, was die Twitter Files eigentlich bedeuten, ist diese: Und was macht man nun damit? Kurz und knapp gesagt: Widerstand leisten.

Denn bekanntlich muss der, der sich wirkungsvoll gegen etwas oder jemanden auflehnen möchte, den Gegner zuerst einmal studieren und ihn kennenlernen. Erst wenn er weiß, wie der andere tickt, weiß er, was zu tun ist. Und genau diese Möglichkeit bieten uns die Twitter Files. Durch sie haben wir die Chance, die Mechanismen, Taktiken und Entscheidungsfindungen der Neuen Weltordnung in diesem Informationsguerillakrieg aus der Nähe zu betrachten und – daraus zu lernen.

Das erste Opfer im Krieg ist bekanntlich die Wahrheit. Und genau das ist es, was uns die Twitter Files zeigen: Die Wahrheit ist tot. Damit befinden wir uns alle – ob wir es wissen oder nicht und ob wir wollen oder nicht – im Krieg. In einem Informationskrieg, der im Gegensatz zu einem konventionellen Konflikt asymmetrisch geführt wird.

Asymmetrisch bedeutet in diesem Zusammenhang: Es treffen nicht zwei gleichwertige Gegner aufeinander, vielmehr haben wir es hier eher mit einem David-gegen-Goliath-Kräfteverhältnis zu tun. Während die einen an den Schalthebeln der Macht sitzen, verfügen die anderen über keine institutionelle Handhabe, sie sind Guerilla-kämpfer im wahrsten Sinne des Wortes. Das ist im Prinzip nichts Neues. Vom Aufstand der Tiroler Bergbauern unter Andreas Hofer über den Freiheitskampf der spanischen »Volksfront« bis hin zum Vietnam- und Irakkrieg hat die Auflehnung der vielen Machtlosen gegen die wenigen Mächtigen in der Geschichte der Menschheit einen festen Platz.

Eines der strahlendsten Beispiele in der deutschen Geschichte dafür sind »Die 12 Artikel der Memminger Bauern« von 1525. Damit stellten Bürger und Bauern erstmals Forderungen gegenüber dem Schwäbischen Bund auf. Sie gelten neben der Magna Charta von 1215 als eine der ersten niedergeschriebenen Formulierungen, die sich gegen die Fürstenherrschaft richten und im Kern bereits die Überzeugung von der Universalität der Menschenrechte enthalten.

Bis vor Kurzem schien es noch, als sei die Dominanz der Neuen Weltordnung im zeitgenössischen Informationsguerillakrieg nur schwer zu brechen, wenn überhaupt. Mit Corona allerdings hat sich die Situation geändert. Die Mächtigen, allen voran die in der Sektion D der Neuen Weltordnung, haben es übertrieben mit der Gängelung, Nötigung und Unterdrückung der Menschen. Zunächst sind sie taktisch überlegen aufgetreten. Einzelne wurden kaltgestellt, geschlagen und gedemütigt, während die große Masse der Widerständigen zusah oder ihre eigenen Kämpfe führte. Doch das ist vorbei. Es ist nun an der Zeit, die Kette der Niederlagen, die uns fesselt und zu Sklaven zu machen droht, zu sprengen. Das Gängelband der wohlanständigen Meinung abzustreifen und zu sagen, was ist: Wir haben die Schnauze voll!

Das übergelaufene Fass

Warum die Menschen mehr als allen Grund haben, so zu empfinden, hat die Arbeit von Matt Taibbi und Bari Weiss gezeigt. Die Twitter Files geben uns Auskunft über die umfassende Überwältigungsstrategie, mit der die Minderheit der bunten Weltbürger danach trachtet, die Mehrheit in ihrem Sinne umzuerziehen. Mithilfe der Veröffentlichungen können wir uns nun ein Bild davon machen, wie Informationslenkung und Meinungsmanipulation hinter den Kulissen funktionieren.

Die Twitter Files zeigen uns die Gedankenwelt hinter der zunehmenden rechtsstaatlichen Misere der letzten 20 Jahre. All diese Menschen – von den Twitter-Führungskräften über die einfachen Tweeps bis hin zu den Agenten des FBI, Parteisoldaten und sonstigen Zeitgeistrittern – sind gegen die Meinungsfreiheit, gegen jede offene Diskussion zu Felde gezogen. Es geht ihnen ausschließlich darum, ihren Machtanspruch durchzusetzen. Sie befehlen, wir gehorchen. Das ist ihre schöne neue Welt. Sie sprechen von Fake News, aber verbreiten selbst den größten Unsinn. Sie führen ständig das Wort Demokratie im Mund, können aber nicht einmal Wahlen ausrichten, wie das Beispiel Berlin zeigt. Sie predigen Toleranz, bringen Andersdenkenden aber nichts als

Hass und Verachtung entgegen. Sie beschwören die Menschenrechte, erlassen aber Gesetze, die so schwammig formuliert sind, dass jede Äußerung, die ihnen nicht in den Kram passt, verboten werden kann.

Darüber hinaus findet diese geistige Verwahrlosung ihre Entsprechung in der Wirklichkeit. Es geht nicht nur um abstrakte Rechtsnormen und Ideale. Autobahnen, Brücken, ja, die gesamte Infrastruktur Deutschlands droht zu zerfallen. In vielen Großstädten, allen voran Berlin, finden sich No-go-Areas, in denen das Gesetz nur noch dem Namen nach gilt. Deutschland liegt, was die Qualität des Internets angeht, abgeschlagen auf Platz 26[282], und immer größere Teile der Bevölkerung finden sich im Zustand der generationenübergreifenden Arbeitslosigkeit wieder. Die Züge der Deutschen Bahn sind die unpünktlichsten in ganz Europa.[283] Sogar in Italien fahren Bahnen pünktlicher. Und selbst im Nationalsport Fußball ist man nur noch ein Gartenzwerg. Wer 1990 in ein Koma gefallen ist und nun erwacht, würde Deutschland nicht mehr wiedererkennen.

Dieser Niedergang ist nicht etwa darin begründet, dass sich die Deutschen, und alle, die sich dafür halten, geändert hätten. Nein, im Privaten, am Arbeitsplatz, im Verein, überall dort, wo die große Politik mit ihrer bunten Phrasendrescherei noch nicht hinreicht, dort funktioniert das Land wie eh und je, sodass wir in Anlehnung an einen Ausspruch des Schriftstellers Heimito von Doderers sagen können: Die bunt-deutschen Eliten kommen uns vor wie die Durchgefallenen nach einer Prüfung, welche sich zusammensetzen und in der Illusion zusammenfinden, als hätten sie diese Prüfung noch vor sich. Das lässt nur eine Diagnose zu: Der Fisch stinkt vom Kopfe her.

Das gilt nicht nur für die allgemeinen Zustände in Deutschland, sondern auch und gerade für die staatlich betriebene Gehirnwäsche in der

Bunten Republik. Oder anders gesagt: Wir können davon ausgehen, dass die durch die Twitter Files aufgedeckten Machenschaften in den USA auch in Deutschland zur Anwendung kamen und noch kommen.

Dieser Verdacht erhärtet sich, wenn wir uns die Maßnahmen auf den unterschiedlichsten gesellschaftlichen Ebenen des besten Deutschlands aller Zeiten gegen unliebsame Botschaften und deren Repräsentanten vor Augen halten. Das beginnt mit einem Gesetz wie dem Netzwerkdurchsetzungsgesetz (NetzDG). Mit dem sogenannten »Facebook-Gesetz« wird festgeschrieben, dass, »wenn in den sozialen Netzwerken beispielsweise strafbare Falschnachrichten veröffentlicht werden, die Plattformbetreiber in der Verantwortung sind, dagegen vorzugehen. Das im Oktober 2017 in Kraft getretene NetzDG verpflichtet die Anbieter unter anderem, Beschwerden von Nutzerinnen und Nutzern entgegenzunehmen und schnell zu bearbeiten, damit »Hasskriminalität« im Netz wirksam bekämpft werden kann. Offensichtlich strafbare Inhalte müssen zum Beispiel binnen 24 Stunden gelöscht oder gesperrt werden. Zu diesen Inhalten gehören etwa Straftatbestände, wie die der Volksverhetzung, Beleidigung, Verleumdung, Gewaltdarstellung und Bedrohung oder öffentliche Aufforderung zu Straftaten.«[284] Kommen die privaten Unternehmen ihrer Zensorenpflicht nicht rechtzeitig nach, drohen Bußgelder von 500 000 bis 5 000 000 Euro.[285]

Das Besondere und zugleich Entlarvende an dem Netzwerkdurchsetzungsgesetz liegt also in der Tatsache begründet, dass sich die Mächtigen dadurch des Drucks aus den sozialen Medien zu entledigen versuchen, indem sie die Ahndung und Exekution der Grundrechtsverletzungen infamerweise privatisieren. Was das bedeutet, darüber gibt der prominente Bürgerrechtsanwalt Joachim Steinhöfel Auskunft: »Das NetzDG stellt einen Frontalangriff auf die Meinungsfreiheit dar, wie ihn die Republik seit der ›Spiegel-Affäre‹ oder

Anetta Kahane

>>**Ministerium
für alberne Gangarten.**«

Monty Python

Adenauers vor dem Verfassungsgericht gescheitertem Versuch, ein ›Staatsfernsehen‹ einzurichten, nicht mehr erlebt hat. Es steht auch für eine Kapitulation des Rechtsstaates vor der Aufgabe, geltendes Recht durchzusetzen.«[286]

Im Zusammenhang mit der Privatisierung der Zensur dürfen natürlich die diversen Meldeportale nicht unerwähnt bleiben, auf denen man Äußerungen »anzeigen« kann, die den bunten Moralvorstellungen zuwiderlaufen. Damit sind indes Äußerungen gemeint, die unterhalb einer gesetzlichen Strafwürdigkeit liegen. So werden in Nordrhein-Westfalen seit Juli 2022 vier Meldestellen für rassistische Vorfälle und Angriffe in Zusammenhang mit der sexuellen Orientierung und geschlechtlichen Identität aufgebaut.[287]

Ein anderes Beispiel von vielen ist die im Februar 2022 online gegangene Meldestelle für Antifeminismus. Wes Geistes Kind die Antonio Amadeu Stiftung (AAS), die als regierungsnahe Nichtregierungsorganisation diese Meldestelle betreibt, ist, wird schnell deutlich. So liest man dort, dass die AAS es schon als antifeministisch einstuft, wenn eine »Demonstration/Kundgebung/Veranstaltung mit antifeministischen Inhalten oder bekannten Antifeminst*innen«[288] stattfindet. Eine deutlichere Absage an die Meinungsfreiheit ist kaum vorstellbar, vor allem, da eine bloße Kontaktschuld ausreicht, um eine Demonstration, egal, zu welchem Thema(!) zu dämonisieren. Das passt gut ins Bild der NGO, die sich nicht entblödet, den Kapitalismus selbst als demokratiefeindlich zu denunzieren. Nicht nur, dass in der Geschichte noch keine Demokratie ohne freie Marktwirtschaft existierte, nein, bereits das fundamentale Menschenrecht auf Privatbesitz wird als antidemokratisch verstanden.[289]

Die dritte Ebene der Informationslenkung und Meinungsmanipulation durch die Vertreter der Neuen Weltordnung stellen die Blockwarte und ehemaligen informellen Mitarbeiter der Stasi (wie es Anetta Kahane, die Vorsitzende der Amadeu Antonio Stiftung, von 1974 bis 1982 gewesen ist). Damit sind all jene gemeint, für die sich in den sozialen Medien der abfällige Begriff »Meldemuschis« eingebürgert hat. Zumeist handelt es sich hierbei um Personen, die aus eigenem Antrieb, befeuert von der festen Überzeugung, auf der richtigen Seite der Geschichte zu stehen, die Meldeportale des bunten Totalitarismus mit Hinweisen, am besten noch anonym, versorgen.

Das alles hat, wie wir seit den Recherchen von Taibbi, Weiss und Kollegen wissen, System. Denn was in der analogen Welt gerade durchexerziert wird, nämlich Informationslenkung und Meinungsmanipulation, ist bei Twitter bereits vielfach erprobt.

Mit einem solchen System sind dem Missbrauch Tür und Tor geöffnet, jeder persönliche Streit, jede verletzte Eitelkeit oder einfach nur Missgunst oder Neid können Motivation für eine Meldung sein. Unschuldige geraten so auf schwarze Meldelisten und werden überwacht, wodurch sich der Kreis der »Verdächtigen« stetig erweitert. Mit der Folge, dass jede neue Statistik mehr und mehr »rechts-

Parthenon

>>Der Mensch ist das edelste aller Geschöpfe,
solange er sich an Gesetze hält.<<

Aristoteles

extreme<< Straftäter und Straftaten ausweist, was wiederum eine Ausweitung der gesetzlichen Maßnahmen nach sich zieht. Die kafkaeske Blitzradikalisierung des politmedialen Komplexes formt sich zu einem wahren Teufelskreis, der sich nur mehr beschleunigen, aber niemals mehr mäßigen wird.

Wer nun glaubt, keine bösen Nachbarn zu haben und deswegen der Bedrohung gelassen entgegensehen zu können, der sei an das Konstrukt der Kontaktschuld erinnert! Wer also mit einem Menschen Umgang pflegt, der zwar unbescholten ist, dessen Name aber in einer Meldeliste steht, wird selbst zum Verdächtigen. Mit der fatalen Konsequenz: Niemand ist mehr unschuldig.

Das ist auch das Ziel der ganzen Übung, sowohl bei Twitter als auch in der Bunten Republik. Es soll ein moralischer Schattenstaat jenseits der Strafgesetzordnung errichtet werden, in dem nur mehr die Frage

»Darf man das aus bunter Sicht?« alleiniges Kriterium des Handelns ist. Der lateinische Rechtsgrundsatz: *Nulla poena sine lege* – alles ist erlaubt, was nicht durch Gesetz verboten ist –, der seit mehr als 2000 Jahren die Grundlage eines jeden gesunden Gemeinwesens bildet, ist damit ausgehebelt. Und »wo das Recht zu Unrecht wird, wird der Widerstand zur Pflicht«.[290]

Die Twitter Files – ein Dienst an der Freiheit

Damit sind wir wieder bei Elon Musk angelangt, der ganz offensichtlich ebenfalls die Schnauze voll gehabt hat, als er sich entschloss, Twitter zu kaufen. Darauf lassen jedenfalls seine diversen Unmutsbekundungen über die eingeschränkte Freiheit auf dem Kurznachrichtendienst schließen, die er im Vorfeld der feindlichen Übernahme immer wieder postete.

Diese Übernahme, um im Bild der Bauernkriege zu bleiben, gleicht der Eroberung eines Bollwerks durch die Aufständischen. Daran zeigt sich, in welchem tiefen Wortsinn der Informationsguerillakrieg unserer Tage wahrhaft asymmetrisch erfolgt: Elon Musk, Multimilliardär mit Höchstbegabung, steht nicht auf Seiten der Eliten, der Mächtigen oder der Angesehenen. Er ist ein Underdog, vom Establishment gehasst und verschmäht. Warum? Weil er ein alter, weißer Mann und – Gott steh uns bei! – auch noch heterosexuell ist. Damit entfaltet sich die paradoxe Widersprüchlichkeit der Gegenwart in höchstem Maße: Der visionäre Techunternehmer, der auf den ersten Blick ein archetypischer Vertreter der bunten Ideologen sein müsste, stellt sich tatsächlich als deren gefährlichster Gegner heraus. Gefährlicher noch als ein Donald Trump im Weißen Haus. Denn Musk, der sich selbst

»Free Speech Absolutist« nennt, droht den Mächtigen mit Meinungsfreiheit auf Twitter. Was für Demokraten absurd klingt, ist in der Bunten Republik bittere Realität. Hier empfindet man Meinungsfreiheit in der Tat als Bedrohung.[291]

Wie anders dagegen der Blick eines Elon Musk auf die Dinge: Als Südafrikaner ist er mit der erfolgreichen Arbeit von Wahrheits- und Versöhnungskommissionen, die nach dem Ende der Apartheid in seinem Geburtsland eingerichtet wurden, um einen friedlichen Übergang in eine demokratische Gesellschaft zu ermöglichen, bestens vertraut. Daher dürften wir nicht falsch liegen, wenn wir hier eine Parallele zu den Twitter Files erkennen. In Musks alter Heimat ist es die schonungslose Aufarbeitung der Vergangenheit, die dafür sorgen soll, dass sich die verschiedenen Volksgruppen versöhnen. Eine ähnliche Rolle könnten die Twitter Files spielen. Sie bringen die Wahrheit ans Licht, erzählen die Wirklichkeit, nicht das gewünschte Narrativ.

Leider sieht es im Moment noch nicht danach aus, als würde es darüber zu einer Versöhnung zwischen den verfeindeten Parteien kommen. Im Gegenteil, wie es scheint, tragen die Twitter Files eher zu einer Eskalation des Konfliktes bei. Die einen sehen ihre schlimmsten Vermutungen bestätigt und bewiesen, die anderen müssen die Reihen umso fester schließen. Ob sich die Auseinandersetzung weiter verschärfen oder nach einer Phase der Aufwallung wieder beruhigt, lässt sich seriöserweise nicht vorhersagen.

Doch das braucht es auch gar nicht, es genügt bereits, dass wir überhaupt an diesem Punkt angekommen sind. Vor Corona wäre eine solche Aktion nicht vorstellbar gewesen. Doch mit dem Machtrausch, in den sich die Herrschenden während der P(l)andemie verstricken, überspannen sie den Bogen. Zu offensichtlich tritt die Absicht zutage, das Virus für den Umbau der Gesellschaft im Sinne der Neuen Weltordnung zu nutzen. Die angestrebte »neue Normalität« ist der Tropfen, der das Fass zum Überlaufen bringt.

Daher ist es kein Zufall, wenn Musks feindliche Übernahme im April 2022 beginnt, auf dem Höhepunkt des Coronawahns. In Berlin beispielsweise kommt es am 7. April 2022 zum Showdown über die Impfpflicht, zu einem Zeitpunkt also, an dem die Bedrohung der Gesellschaft durch das Virus, so es sie denn je gegeben haben sollte, nicht mehr existent ist. Von der dunklen Macht des Narrativs getrieben, konnten die bunten Eliten nicht anders, als den Weg bis zu seinem vorläufigen Ende zu gehen. Dass dieser in der Ablehnung einer Impfpflicht durch den Bundestag endet, ist eine Verschnaufpause gleich einem Hoffnungsschimmer.

Verstärkt wird Letzterer durch den Umstand, dass der bunte politmediale Komplex die Twitter Files nicht verhindern und ihre Veröffentlichung ab Dezember 2022 nicht unterdrücken konnte. Das zeigt: Die Macht der Neuen Weltordnung ist noch nicht absolut und sakrosankt. Noch gibt es Freiräume, in denen ein von den bunten Missionaren beinahe unbehelligtes Leben möglich ist. Ob diese Freiräume sich nun innerhalb der Familie, der Kollegenschaft oder im Fußballverein eröffnen, ist individuell verschieden und letztendlich egal. Wichtig ist nur, sie zu erkennen und sich stets zu vergewissern: Ich bin nicht alleine.

Das ist die vierte Dimension der Veröffentlichungen: Sie geben Zuversicht und Gewissheit, nicht auf einsamem und daher verlorenem Posten zu stehen. In allen Schichten – vom Arbeiter und Angestellten bis hinauf zum ehemals reichsten Mann der Welt – gibt es sie, die Unzufriedenen, Wütenden und Widerspenstigen. Sobald man sich gefunden hat, muss man nicht mehr schweigen. Man spricht mit

Gleichgesinnten. Und die bis jetzt schweigende Mehrheit wird endlich Stimme und Gehör finden. Der Welt, Deutschland und uns allen zum Vorteil. Dies aber nur, solange wir im Geist der Wahrheit und Versöhnung sprechen. Die Twitter Files können ein erster, schwerer Schritt auf diesem Weg sein.

Die Ameisenstrategie

Zu den hervorstechendsten Markenzeichen totalitärer Systeme gehört die möglichst vollständige Vereinnahmung der in diesen Systemen lebenden Menschen. Im 20. Jahrhundert betrifft das in erster Linie die Physis. Vor der Stirn der Untertanen ist für die Propagandisten Schluss gewesen, dahinter sind die Gedanken potenziell frei.

»Wenn Ameisen sich einigen, können sie Elefanten tragen.«

Sprichwort aus Burkina Faso

Im 21. Jahrhundert jedoch sehen sich die Lautsprecher der Neuen Weltordnung in der Lage, diese Barriere zu überspringen. Mithilfe sozialer Medien im Allgemeinen und Twitter im Besonderen stoßen sie ins Herz jenes letzten Reservoirs individueller Freiheit.

Das Team um Matt Taibbi und Bari Weiss hat in den Twitter Files offengelegt, wie umfassend und aggressiv dieser Angriff vorgetragen wird. Für Gedanken, Ideen und Meinungen, die nicht mit dem jeweils gültigen Narrativ des neuen bunten Totalitarismus übereingehen, darf es keine Plattform, keine Möglichkeit zur Verbreitung geben. Sie müssen mundtot gemacht, am besten schon im Keim erstickt werden. Die Konsensgesellschaft duldet keine Konsensstörung. Ganz gleich, ob es sich bei diesem Konsens, ein anderes Wort für Narrativ, um eine erfundene Erzählung, also um eine Lüge handelt.

Damit ist auch klar, wie man sich als Einzelner gegen den Moloch »Neue Weltordnung« am effektivsten zur Wehr setzt. Und zwar indem man aufhört, den Lügen des Konsens zu glauben. Was damit gemeint ist, kann niemand besser beschreiben als der von uns schon mehrfach zitierte Alexander Solschenizyn:

»Und so, unsere Ängstlichkeit überwindend, lass jeden wählen: Will er ein smarter Diener der Lügen bleiben (...) , oder ist die Zeit für ihn gekommen, als ehrlicher Mann aufrecht zu stehen, der den Respekt seiner Kinder und Zeitgenossen verdient? Und von diesem Tage an: Wird er nicht schreiben, unterschreiben oder in irgendeiner Weise veröffentlichen, auch nur eine einzige Zeile, die, soweit er sehen kann, die Wahrheit verzerrt; wird er eine solche Zeile nicht in privaten oder öffentlichen Gesprächen äußern, sie nicht von einem Spickzettel lesen, noch sie in der Rolle eines Erziehers, Werbers, Lehrers, Schauspielers sprechen; wird er nicht in Malerei, Skulptur, Fotografie, Technologie oder Musik einen einzigen falschen Gedanken, eine einzige Verzerrung der Wahrheit, wie er sie erkennt, darstellen, unterstützen oder verbreiten; wird er weder schriftlich noch mündlich ein einziges ›leitendes‹ Zitat für Belohnung, Versicherung oder Erfolg bei der Arbeit zitieren, es sei denn, er teilt den zitierten Gedanken vollständig und ist der Meinung, dass er genau in den Kontext passt; nicht zu einer Demonstration oder Kundgebung gezwungen werden, wenn dies seinem Wunsch und Willen zuwiderläuft; wird kein Banner oder Slogan aufheben und aufstellen, an das er nicht voll und ganz glaubt; nicht für einen Vorschlag stimmen, den er nicht aufrichtig unterstützt; weder offen noch in geheimer Abstimmung für einen Kandidaten stimmen, den er für zweifelhaft oder unwürdig hält; nicht zu einem Treffen gedrängt werden, bei dem erwartet wird, dass eine erzwungene und verzerrte Diskussion stattfindet; wird er eine Sitzung, ein Meeting, einen Vortrag, ein Theaterstück oder einen Film sofort verlassen, sobald er hört, dass der Sprecher eine Lüge, ideologisches Gelaber oder schamlose Propaganda von sich gibt; keine Zeitungen oder Zeitschriften abonnieren oder im Einzelhandel kaufen, die die zugrunde liegenden Tatsachen verzerren oder verbergen.«[292]

Nun ist Solschenizyn ein freiheitlicher Solitär, und es ist niemandem anzukreiden, wenn er nicht über dieselbe sture Freiheitsliebe verfügt, wie der Friedensnobelpreisträger. Aber zum Vorbild nehmen kann man ihn sich allemal, wenn es darum geht, sich dem zu verweigern, was man einen teuflischen Lügenkreislauf nennen könnte. Dieser *Circulus vitiosus* wird von der Autorin Elena Gorokhova folgendermaßen beschrieben: »Die Regeln sind ganz einfach: Sie belügen uns; wir wissen, dass sie lügen; sie wissen, dass wir wissen, dass sie lügen; aber trotzdem lügen sie weiter, und wir tun weiter so, als würden wir ihnen glauben.«[293]

Mit der Veröffentlichung der Twitter Files ist nun der Moment gekommen, an dem der bunten Regenbogenwelt die Maske vom Gesicht gerissen wird. Dahinter kommt die für alle sichtbare Fratze der totalitären Diktatur zum Vorschein.

Von nun an kann niemand mehr behaupten, er hätte von nichts gewusst. Und ebenfalls gibt es nunmehr keine Entschuldigung mehr für die, die nicht einverstanden sind mit dem, was in Deutschland und Europa geschieht, sich nicht dagegen zur Wehr zu setzen. Jeder nach seinen Fähigkeiten, jeder nach seinen Bedürfnissen[294]. Selbst wenn das nur bedeutet, die Lügen der Mächtigen nicht länger hinzunehmen oder zu glauben. Auch das hat seine Wirkung. Diese mag sich vielleicht nicht sofort und unmittelbar entfalten, sie kommt eher schleichend, dafür aber umso nachhaltiger daher.

Um das zu verstehen, greifen wir auf das Menschenbild der Neuen Weltordnung zurück, die keine Individuen mehr kennt, sondern nur noch Einheitskreaturen, menschliche Ameisen sozusagen. Das einzelne Tier und sein Handeln macht nur einen verschwindend geringen, eventuell kaum messbaren Anteil im Leben eines Ameisenvolkes aus. Doch gemeinsam bilden die Schwestern einen Superorganismus, die man getrost als »Heimliche Weltmacht«[295] bezeichnen kann.

Übertragen auf die Gegenwart und die Gesellschaft der Bunten Republik bedeutet dies: Wenn jeder Einzelne ein Sandkorn ins Getriebe der Neuen Weltordnung wirft – und sich den bunten Narrativen zu verweigern, ist ein solches Sandkorn –, dann wird das System irgendwann ins Stocken geraten und letztendlich kollabieren. Nach wie vor gilt: »Verbunden werden auch die Schwachen mächtig.«[296]

Dazu braucht es weder Abstimmung untereinander noch Koordination. Jeder kann ganz autonom seinen persönlichen Beitrag leisten. Nicht einmal die völlige Ablehnung sämtlicher Aspekte moderner Geisteshaltung ist dazu notwendig. Das wäre sogar hinderlich, weil

»Verzweiflung ist ein Droge.
Sie lullt den Verstand in Gleichgültigkeit ein.«

Charlie Chaplin

unnötig intolerant. Was nottut, ist ein dezentrales, von keiner Autorität abhängiges und beeinflusstes Handeln, das sich allein aus der Selbstversicherung des Einzelnen speist. Diese gründet im Selbstvertrauen, das in reger Arbeit und der darin gewonnenen Kompetenz wurzelt. Solche Kompetenzen sind historisch gewachsen, haben sich in der Geschichte aller Prüfungen bewährt und bilden alltägliche Mythenformen aus, die allein lebbar und lebenswert sind. Der Mensch steht somit in der generationenübergreifenden Tradition dessen, was man Volk nennt. Sich darüber Klarheit zu verschaffen und die Gewissheit zu erlangen, was Wahrheit und Wirklichkeit ist, ist der zweite Schritt für einen wirkungsvollen Widerstand gegen die Vereinnahmung durch die Neue Weltordnung.

Eines sollten wir nicht vergessen. Selbst wenn die Feinde unserer individuellen Freiheit übermächtig scheinen, sind sie nicht unbesiegbar. Die Twitter Files zeigen uns, wie das System funktioniert, welche Mechanismen am Werk sind. Damit aber sind die bunten Ideologen und ihre willfährigen Handlanger verwundbar geworden. Und das wiederum heißt: »Was Hände bauten, können Hände stürzen. Das Haus der Freiheit hat uns Gott gegründet.«[297]

Schluss

Am Ende dieses Buches angekommen, wollen wir ein Fazit ziehen. Die Twitter Files sind ein historischer Meilenstein, da sie die Wirklichkeit im derzeit tobenden, weltweiten Informationsguerillakrieg offenlegen. Indem sie die finsteren, totalitären Machenschaften der bunten Zeitgeistritter allen Menschen zugänglich machen, ist der Kaiser nackt.

Und das bleibt er, selbst wenn die Medienabteilungen der Neuen Weltordnung derzeit noch versucht sind, die Enthüllungen des Teams rund um Matt Taibbi und Bari Weiss kleinzureden oder ganz zu verschweigen – die Saat ist ausgebracht, die Twitter Files werden ihre Wirkung in der Zukunft entfalten.

Es ist ein Prozess, der Zeit braucht. Wir dürfen nicht annehmen, dass die, die sich der Großen Transformation und Umerziehung verschrieben haben, nun wegen der Twitter Files plötzlich ihr Denken und Handeln überdenken oder gar ändern. Schließlich haben wir es mit Weltanschauungskriegern zu tun. Oder erwartet wirklich jemand ernsthaft, dass die Außenministerin der Bunten Republik, Annalena Baerbock, von ihrer sogenannten »feministischen Außenpolitik« abrückt, nur weil es sich dabei um offensichtlichen und vielfach bestätigten Unsinn handelt? Das kann sie nicht, weil sie dem Narrativ absolut hörig ist, genauso wie es die Twitter-Führungskräfte und die überwältigende Mehrheit der Tweeps bis zur Übernahme des Kurznachrichtendienstes durch Elon Musk gewesen sind. Dies beweisen zudem die

Vorgänge rund um den Zusammenbruch der Silicon Valley Bank im Frühjahr 2023, als die üblichen interessierten Kreise in altbekannter Manier nichts unversucht lassen, auf Twitter Informationen zu lenken und Meinungen zu manipulieren.[298]

Wenn aber nicht zu erwarten ist, dass sich »da oben« etwas ändert, so muss diese Entwicklung von unten beginnen. Und zwar, indem man das Fundament dieser Herrschaft aushöhlt. Einer Herrschaft, die auf dem Schweigen der großen Mehrheit beruht, das als Zustimmung zu den Lügen der Mächtigen gewertet wird. Allein dieses Schweigen verleiht der Autokratie des Narrativs Legitimität. Um es zu brechen, bedarf es keiner lautstarken Demonstrationen oder griffiger Parolen. Es reicht ein berühmter Satz aus der Weltliteratur, um sich gegen den Machtanspruch der Neuen Weltordnung aufzulehnen: »Ich möchte lieber nicht.«[299]

Jede Lüge des politmedialen Komplexes, der wir uns mit dieser Aussage verweigern, untergräbt die Basis, auf dem seine Macht ruht, ein Stückchen mehr. Ist das Fundament erst einmal instabil, stürzt der Lügenpalast schon bald ganz von selbst ein. Also: Haben wir Geduld und wappnen wir uns in der Zwischenzeit gegen die Unwahrheit.

Die Twitter Files haben Menschen allüberall – in Deutschland, in Europa, im gesamten Westen – einen Einblick in den düsteren Zustand der gegenwärtigen Zeit gewährt. Mit nun geöffneten Augen werden Sie zur selben Einsicht gelangen wie wir – mögen Sie diese auch auf unterschiedliche Weise ausdrücken. Wir sind nicht nur nicht allein, nein, wir sind viele. Und seien wir uns eines gewiss: »Wer aus Charakter oder Maxime beharrlich verneint, hat eine größere Gewalt, als man denkt.«[300] Denn »Stärke entspringt nicht physischer Kraft, sondern einem unbeugsamen Willen«[301].

Quellen

Sämtliche Links in den Quellenangaben waren bei Redaktionsschluss online zugänglich. Möglicherweise haben Seitenbetreiber in der Zwischenzeit Links hinter einer Paywall versteckt. Dies liegt nicht im Verantwortungsbereich von Autoren und Verlag. Für Links, die nach der Veröffentlichung von den Seitenbetreibern gelöscht oder verändert wurden, übernehmen Autor und Verlag keine Verantwortung. Manche verlorenen Links können mithilfe der Wayback Machine im Internet Archive aufgefunden werden: *archive.org/web/*.

1   *Forbes* veröffentlichte die Anhörung unter: *https://www.youtube.com/watch?v=eMDjfP1gk60&t=4335s*.

2   Wir bezeichnen den *industrial censorship complex* im Deutschen als politmedialen Komplex und verstehen darunter exakt dasselbe, was Shellenberger hier ausführt.

3   *https://www.augsburger-allgemeine.de/panorama/doomsday-clock-2023-weltuntergang-so-nah-wie-nie-zuvor-id65287991.html*.

4   *https://www.severint.net/2022/12/03/dokumentiert-die-twitter-akten-teil-1-hunter-bidens-laptop/*.

5   *https://www.spiegel.de/netzwelt/web/twitter-erster-tweet-der-welt-fuer-2-9-millionen-us-dollar-versteigert-a-e58bf81b-4486-453b-adae-a4e12eb3b5e9*.

6   *https://t3n.de/news/erste-website-tweet-youtube-video-493658/*.

7   *https://www.deutschlandfunk.de/boersengang-twitter-aktie-legt-bei-debuet-zu-100.html*.

8   *https://web.archive.org/web/20090503144524/http://www.time.com/time/specials/packages/article/0,28804,1894410_1893837_1894156,00.html*.

9 Was es mit Philanthropen auf sich hat, haben wir in unserem Buch *Gesundheitsdiktatur – Bill Gates' Angriff auf die Demokratie* am Beispiel des Microsoft-Gründers ausgeführt.

10 »I thought once everybody could speak freely and exchange information and ideas, the world is automatically going to be a better place«, Mr. Williams says. »I was wrong about that.« In: »›The Internet Is Broken‹: @ev Is Trying to Salvage It«, *The New York Times (nytimes.com)*.

11 *https://www.nature.com/articles/s41467-019-09311-w*.

12 *https://www.businesstoday.in/technology/news/story/20000-tweets-per-second-elon-musk-announces-new-twitter-record-353979-2022-11-24*.

13 Zitiert nach: *https://www.t-online.de/unterhaltung/kino/id_100047178/-winnetou-skandal-wie-alles-begann-und-dann-voellig-eskalierte-ueberblick.html*.

14 *https://www.t-online.de/unterhaltung/kino/id_100047178/-winnetou-skandal-wie-alles-begann-und-dann-voellig-eskalierte-ueberblick.html*.

15 Hauptfigur in Heinrich Manns Roman *Der Untertan*.

16 *https://www.thelavinagency.com/news/teju-cole-twitter-is-the-real-stream-of-consciousness*.

17 *https://the-media-leader.com/pew-one-third-of-tweets-from-us-adults-are-political/*

18 Dabei handelt es sich um Schlagworte, die dazu dienen, Nachrichten mit bestimmten Inhalten oder zu bestimmten Themen in sozialen Netzwerken auffindbar zu machen. Quelle: *https://de.wikipedia.org/wiki/Hashtag*.

19 *https://twitter.com/jk_rowling/status/1269382518362509313*

20 *https://www.jetzt.de/digital/darf-man-harry-potter-noch-gut-finden*.

21 https://www.zdf.de/nachrichten/panorama/hogwarts-legacy-jk-rowling-transsexualitaet-100.html.

22 https://www.t-online.de/unterhaltung/stars/id_100039170/polizei-ermittelt-harry-potter-autorin-j-k-rowling-mit-dem-tod-bedroht.html.

23 https://www.fr.de/panorama/jk-rowling-neues-buch-boeses-blut-vorwurf-transphobie-harry-potter-autorin-90045507.html.

24 https://www.pcgames.de/Hogwarts-Legacy-Spiel-73015/News/Boykott-missglueckt-Hogwarts-Legacy-vernichtet-Konkurrenz-in-Deutschland-game-charts-spiele-platz-1-1415113/.

25 https://www.rnd.de/panorama/alice-schwarzer-ueber-transmenschen-es-wird-zum-massenphaenomen-MD2XR6HVZKJCUDRT572HSC772A.html.

26 https://www.deutschlandfunkkultur.de/vortrag-humboldt-universitaet-berlin-trans-zwei-geschlechter-marie-luise-vollbrecht-102.html.

27 https://www.youtube.com/watch?v=rh7hH-ua8oI.

28 Neue Studien zeigen, dass ein Unterschied zwischen freien und gefangenen Schimpansen unter anderem darin besteht, dass in Gefangenschaft lebende Affen Menschen mit Kot bewerfen, ein Verhalten, das ihren freien Artgenossen so gut wie fremd ist. Quelle: https://www.livescience.com/66042-why-chimps-throw-poop.html.

29 https://www.abendblatt.de/kultur-live/article230389432/Boehmermanns-Besichtigung-eines-Twitter-Jahrzehnts.html.

30 https://www.businessinsider.com/elon-musk-polls-twitter-edit-button-ceo-agrawal-results-important-2022-4.

31 In diesem unverbindlichen Kaufangebot ist eine versteckte Referenz zum Konsum von THC enthalten: die Zahlenkombination 420 ist ein sogenannter »Stoner-Code«, also eine gruppenspezifische Anspielung auf Cannabiskonsum. Bei seinem Kauf von Tesla hatte er schon einen ähnlichen Witz gemacht, siehe hier:

https://nypost.com/2022/04/14/price-of-elon-musks-twitter-bid-is- yet-another-pot-joke/.

32 https://www.t-online.de/finanzen/boerse/aktien/twitter-aktie/us9018411026/.

33 https://fortune.com/2022/10/05/what-is-x-app-elon-musk-twitter-takeover-accelerant-for-wechat-rival/#.

34 https://blog.xeit.ch/2016/02/kakaotalk-der-messenger-dienst-und-whatsapp-konkurrent-aus-suedkorea/#:~:text=Kakaotalk%20hat%20%C3%BCber%20150%20Millionen,auf%2093%25%20aller%20Smartphones%20installiert.

35 https://de.wikipedia.org/wiki/WeChat.

36 https://fortune.com/2022/07/09/how-elon-musk-bizarre-twitter-takeover-saga-could-have-just-been-a-cover-for-him-to-sell-8-billion-in-tesla-stock/ und

https://www.thenationalnews.com/business/technology/2022/07/10/why-musks-twitter-acquisition-bid-may-have-been-a-ploy-to-sell-85bn-in-tesla-stock/.

37 https://www.handelsblatt.com/politik/international/biografie-so-wurde-elon-musk-vom-mobbing-opfer-zum-milliardaer/26612034.html.

38 https://dailyhive.com/vancouver/elon-musk-tesla-vancouver-lumberjack.

39 https://www.sociosite.net/famous-person-iq/elon-musk.

40 https://www.starting-up.de/geschaeftsideen/gruenderstorys/elon-musk-und-zip2.html.

41 https://www.starting-up.de/geschaeftsideen/gruenderstorys/elon-musk-und-zip2.html.

42 https://exxpress.at/boring-as-fuck-elon-musk-schmettert-einladung-zum-wef-in-davos-ab/.

43 *https://www.welt.de/wirtschaft/article241517115/Tesla-vs-VW-und-Co-Deutschlands-meistverkauftes-Auto-ist-ein-Tesla.html.*

44 »You want to wake up in the morning and think the future is going to be great – and that's what being a spacefaring civilization is all about. It's about believing in the future and thinking that the future will be better than the past. And I can't think of anything more exciting than going out there and being among the stars.« Quelle: *https://www.spacex.com/mission/.*

45 »When the sun expands one day and the Earth is no longer habitable, we can fly to a new home in a spaceship. If humans can inhabit other planets, it means that they have passed one of the conditions of the great screening of the universe, then we will become interplanetary citizens, and human civilization will be able to continue.« Quelle: *https://www.teslarati.com/elon-musk-new-essay-master-plan-part-2-5-tesla-spacex-neuralink/.*

46 *https://www.kleinezeitung.at/politik/innenpolitik/6155160/Angst-vor-Gasmangel_Deckel-auf-den-Topf_Gewessler-ruft-zum.*

47 *https://www.rnd.de/politik/kretschmann-ueber-waschlappen-es-spart-einfach-zeit-die-man-nachher-beim-fruehstueck-hat-E5H7OXDIXYUUOJYVMZW3AFCATM.html.*

48 *https://www.tagesspiegel.de/politik/winfried-kretschmann-heizt-seit-dem-ukrainekrieg-weniger-8019469.html.*

49 *https://www.brainyquote.com/quotes/elon_musk_567227.*

50 *https://futurezone.at/digital-life/china-warnt-elon-musk-coronavirus-pandemie-china-wuhan-usa/402351552.*

51 »The truth is, most people don't change their mind. They just die. So if they don't die, we will be stuck with old ideas and society wouldn't advance.« Quelle: *https://www.businessinsider.com/elon-musk-reveals-existential-threats-he-fears-birthrate-extremism-ai-2022-3.*

52 *https://en.wikipedia.org/wiki/Twitter_Files.*

53 *https://de.wikipedia.org/wiki/Matt_Taibbi.*

54 Bob Woodward deckte die Watergate-Affäre auf und veröffentlichte den Briefwechsel zwischen Donald Trump und Kim Jong-un.

55 Hunter S. Thompson ist der Begründer des Gonzo-Journalismus, in dem die Vermischung von Recherche und subjektivem Erleben als wichtiges Stilmittel zur Kritik an Macht und Reichtum eingesetzt wird.

56 *https://nymag.com/intelligencer/2021/10/what-happened-to-matt-taibbi.html.*

57 *https://www.dailymail.co.uk/news/article-11499137/ Liberal-journalists-rush-criticize-reporter-Matt-Taibbi-releasing-Elon-Musks-Twitter-Files.html* und

https://www.newsweek.com/matt-taibbi-dismisses-criticism-twitter-files-after-journalists-pile-1764480.

58 *https://www.tagesschau.de/ausland/amerika/ musk-twitter-109.html.*

59 *https://www.newsweek.com/matt-taibbi-dismisses-criticism-twitter-files-after-journalists-pile-1764480.*

60 *https://www.bariweiss.com/resignation-letter.*

61 *https://www.bariweiss.com/resignation-letter.*

62 »Nordhaus and Shellenberger's call for an optimistic outlook – embracing economic dynamism and creative potential – will surely do more for the environment than any U.N. report or Nobel Prize.« Quelle: Jonathan Adler, *The Wall Street Journal*, 27. November 2007.

63 *https://twitter.com/mtaibbi/status/1598825594908819457*

64 *https://twitter.com/mtaibbi/status/1598825917165572099*

65 *https://twitter.com/mtaibbi/status/1598826284477427713*

66 Zwar hat es einen solchen Fall einmal gegeben – 1931 in Österreich, Stichwort »Schmieranski-Team« –, doch es ist die

Ausnahme geblieben, welche die Regel bestätigt.
Quelle: *https://www.diepresse.com/310937/scheiberlspiel-und-schmieranski-team.*

67 *https://twitter.com/mtaibbi/status/1598827602403160064*

68 *https://de.wikipedia.org/wiki/Infektionsschutzgesetz#Neuregelung_seuchenrechtlicher_Vorschriften_zum_1._Januar_2001.*

69 *https://nypost.com/2020/10/14/email-reveals-how-hunter-biden-introduced-ukrainian-biz-man-to-dad/.*

70 *https://twitter.com/mtaibbi/status/1598828601268469760*

71 *Um die Behauptung zu überprüfen, ist es nur nötig, den im 8. Tweet angegebenen Nutzernamen auf Twitter zu suchen.*

72 *https://twitter.com/mtaibbi/status/1598828932395978752*

73 *https://twitter.com/mtaibbi/status/1598829996264390656*

74 *https://www.opensecrets.org/orgs/twitter/summary?id=D000067113.*

75 *https://twitter.com/mtaibbi/status/1600247218820108288*

76 *https://de.wikipedia.org/wiki/Shadowban.*

77 *https://twitter.com/bariweiss/status/1601007575633305600, Post 4*

78 *https://twitter.com/bariweiss/status/1601007575633305600, Post 3*

79 *https://www.deutschlandfunkkultur.de/finis-germania-von-bestsellerliste-genommen-der-100.html.*

80 *https://www.tichyseinblick.de/daili-es-sentials/mrna-pionier-robert-w-malone-twitter/.*

81 *https://twitter.com/bariweiss/status/1601007575633305600, Post 5*

82 *https://www.thefp.com/p/twitters-secret-blacklists.*

83 *https://twitter.com/bariweiss/status/1601009744575025152*

84 *https://www.newsweek.com/conservative-charlie-kirk-slams-twitter-over-suspension-1690796.*

85 https://twitter.com/bariweiss/status/1601011428579717121

86 https://twitter.com/bariweiss/status/1601012181138407425

87 https://www.nzz.ch/technologie/gefaehrdet-overblocking-die-meinungsfreiheit-im-netz-ld.1638034.

88 Zum Beispiel hier: https://www.tagesschau.de/inland/berlin-silvester-krawalle-101.html.

89 https://www.tagesspiegel.de/berlin/45-von-145-festgenommenen-sind-deutsche-alle-mutmasslichen-silvester-randalierer-wieder-frei--berliner-polizei-veroffentlicht-zahlen-9120553.html.

90 Zum Zeitpunkt der Entstehung dieses Buches liegt erst eine Gesetzesvorlage vor. Das Selbstbestimmungsgesetz ist daher noch nicht verabschiedet worden.

91 https://www.tagesschau.de/inland/innenpolitik/neues-selbstbestimmungsgesetz-101.html.

92 https://correctiv.org/faktencheck/2022/07/19/selbstbestimmungsgesetz-bussgeld-falsche-geschlechtsbezeichnung/.

93 Mit der Causa Harbarth haben wir uns bereits in unserem Buch *16 Jahre Angela Merkel. Die Bilanz eines Zerstörungswerks* beschäftigt.

94 https://twitter.com/mtaibbi/status/1601354663265472513

95 https://twitter.com/mtaibbi/status/1601378204778139649

96 https://www.spiegel.de/politik/ausland/frank-walter-steinmeier-nennt-donald-trump-hassprediger-a-1106212.html.

97 https://www.n-tv.de/politik/Steinmeier-gratuliert-Trump-nicht-article19045691.html.

98 https://www.tagesspiegel.de/politik/steinmeier-schickte-gluckwunsche-zum-jahrestag-der-islamischen-revolution-5317285.html.

99 https://twitter.com/mtaibbi/status/1601352946163544065

100 *https://twitter.com/mtaibbi/status/1601358396523184129*

101 *https://twitter.com/mtaibbi/status/1601362905785860098*

102 *https://twitter.com/mtaibbi/status/1601363841417297921*

103 *https://twitter.com/mtaibbi/status/1601364807831425025*

104 *https://twitter.com/mtaibbi/status/1601361141611270144*

105 *https://twitter.com/mtaibbi/status/1601362658560995328*

106 *https://twitter.com/mtaibbi/status/1601367426129543169*

107 *https://twitter.com/mtaibbi/status/1601366094584823808,*

108 *https://twitter.com/mtaibbi/status/1601366094584823808*

109 *https://www.politifact.com/.*

110 *https://twitter.com/mtaibbi/status/1601367192033189889*

111 *https://www.waz.de/politik/bundestagswahl-geschichte-spd-union-ergebnis-ueberblick-id233424495.html.*

112 *https://twitter.com/mtaibbi/status/1601361391679856640*

113 Der Begriff »comms« kann nicht eindeutig übersetzt werden. Er kann Communication bedeuten oder Community (Gemeinschaft). Auf jeden Fall handelt es sich um eine Referenz auf eine interne Untergruppe der Tweeps. Wir überlassen es dem Leser, welchen Begriff er wählt.

114 *https://twitter.com/mtaibbi/status/1601365295763193856*

115 *https://twitter.com/mtaibbi/status/1601372989341069312*

116 *https://twitter.com/mtaibbi/status/1601374328670474240*

117 *https://twitter.com/mtaibbi/status/1601376948873482240*

118 *https://twitter.com/mtaibbi/status/1601377383566946304*

119 *https://twitter.com/mtaibbi/status/1601381605733707776*

120 *https://twitter.com/ShellenbergerMD/status/1601722214507638784*

121 *https://twitter.com/ShellenbergerMD/status/1601724559836983296*

122 *https://twitter.com/ShellenbergerMD/status/1601725472202596352*

123 *https://twitter.com/ShellenbergerMD/status/1601727103501627392*

124 *https://twitter.com/ShellenbergerMD/status/1601726483004723201*

125 *https://twitter.com/ShellenbergerMD/status/1601728399076388865*

126 *https://twitter.com/ShellenbergerMD/status/1601730927583186944*
und
https://twitter.com/ShellenbergerMD/status/1601731730922442752

127 Übersetzt bedeutet »strike« Schlag. In den sozialen Medien steht
dieser Ausdruck für eine Verwarnung.

128 *https://twitter.com/ShellenbergerMD/status/1601732795977433088*

129 *https://twitter.com/ShellenbergerMD/status/1601765444477603840*

130 *https://twitter.com/ShellenbergerMD/status/1601766851050352641*

131 *https://twitter.com/ShellenbergerMD/status/1601774937731403776*

132 *https://twitter.com/ShellenbergerMD/status/1601734750565040129*

133 *https://twitter.com/ShellenbergerMD/status/1601746253284798469*

134 *https://twitter.com/ShellenbergerMD/status/1601762869359808512*

135 *https://twitter.com/ShellenbergerMD/status/1601738653805387779*

136 *https://twitter.com/ShellenbergerMD/status/1601776921636835328*

137 *https://twitter.com/ShellenbergerMD/status/1601777521241968640*

138 *https://twitter.com/ShellenbergerMD/status/1601777742806073344*

139 *https://twitter.com/ShellenbergerMD/status/1601777938491670528*

140 *https://twitter.com/bariweiss/status/1602379978741465089*

141 *https://twitter.com/bariweiss/status/1602364358218043392*

142 *https://twitter.com/bariweiss/status/1602364672874643456*

143 *https://twitter.com/bariweiss/status/1602364863182868480*

144 *https://twitter.com/bariweiss/status/1602365655595962368*

145 *https://twitter.com/bariweiss/status/1602365763767001088*

146 https://twitter.com/bariweiss/status/1602366144299470848

147 https://twitter.com/bariweiss/status/1602366797075709952

148 https://twitter.com/bariweiss/status/1602366660564111360

149 https://twitter.com/bariweiss/status/1602366973089697792

150 https://twitter.com/bariweiss/status/1602367643553599512

151 https://twitter.com/bariweiss/status/1602372771052367872

152 https://twitter.com/bariweiss/status/1602372998933016576

153 https://twitter.com/bariweiss/status/1602373214474489857

154 Der Begriff »Die Banalität des Bösen« bezieht sich auf das Standardwerk *Eichmann in Jerusalem. Ein Bericht von der Banalität des Bösen* der deutschen Philosophin Hannah Arendt, die anlässlich des 1961 in Jerusalem stattfindenden Prozesses gegen den SS-Obersturmbannführer Adolf Eichmann die Entmystifizierung des Dritten Reiches betreibt.

155 https://twitter.com/bariweiss/status/1602373896648282112

156 https://twitter.com/bariweiss/status/1602374265205972992

157 https://www.faz.net/aktuell/politik/ausland/merkel-findet-sperrung-von-trumps-twitter-konten-problematisch-17140401.html.

158 https://twitter.com/mtaibbi/status/1604613296732397568

159 https://twitter.com/mtaibbi/status/1604613314054586368

160 https://twitter.com/mtaibbi/status/1603857534737072128

161 https://twitter.com/ShellenbergerMD/status/1604873916752703491

162 https://twitter.com/ShellenbergerMD/status/1604874457037688832

163 https://twitter.com/ShellenbergerMD/status/1604875873684926466

164 https://twitter.com/ShellenbergerMD/status/1604879477732831235

165 https://twitter.com/ShellenbergerMD/status/1604883686855299072

166 https://twitter.com/ShellenbergerMD/status/1604895371360374784

167 *https://twitter.com/ShellenbergerMD/status/1604908212628598784*

168 *https://twitter.com/lhfang/status/1605292454261182464*

169 *https://twitter.com/lhfang/status/1605296971408986131*

170 *https://twitter.com/lhfang/status/1605300292974948352*

171 *https://twitter.com/lhfang/status/1605300563930931207*

172 *https://de.wikipedia.org/wiki/Projektion_(Psychoanalyse).*

173 *https://twitter.com/mtaibbi/status/1606701405443874816*

174 *https://twitter.com/mtaibbi/status/1606701408967090177*

175 *https://nypost.com/2022/05/23/fbi-told-agents-trump-russia-data-source-was-from-doj-not-clinton-tied-lawyer/.*

176 *https://twitter.com/mtaibbi/status/1606701466160599041*

177 *https://twitter.com/mtaibbi/status/1606701469813846017*

178 *https://twitter.com/mtaibbi/status/1606749009875709952*

179 *https://twitter.com/davidzweig/status/1607378386338340867*

180 *https://twitter.com/davidzweig/status/1607381026984132609*

181 Darunter auch andere Techgiganten wie Facebook, Google oder Microsoft, die mit der Regierung Trump konferierten. Quelle: 10, Tweet 7. *https://twitter.com/davidzweig/status/1607381845175590913*

182 *https://twitter.com/davidzweig/status/1607381544351698948*

183 *https://www.thefp.com/p/how-twitter-rigged-the-covid-debate.*

184 *https://twitter.com/davidzweig/status/1607382379018190849*

185 *https://de.statista.com/statistik/daten/studie/188854/umfrage/twitter-accounts-with-the-most-followers-worldwide/#:~:text=Das%20Ranking%20der%20beliebtesten%20Twitter,%2C65%20Millionen%20Twitter%2DFollowern.*

186 *https://twitter.com/davidzweig/status/1607382645603704834*

187 *https://twitter.com/davidzweig/status/1607383819287515137*

188 *https://twitter.com/davidzweig/status/1607384015731888135*

189 *https://twitter.com/davidzweig/status/1607384343726399488.*

190 *https://edition.cnn.com/2021/07/16/politics/biden-intel-review-covid-origins/index.html.*

191 *https://twitter.com/karl_lauterbach/status/1463842007265259522*

192 *https://exxpress.at/verdacht-regierung-sprach-mit-facebook-twitter-die-erlaubte-corona-meinung-ab/.*

193 *https://www.bariweiss.com/resignation-letter.*

194 *https://twitter.com/mtaibbi/status/1610372365753499650*

195 *https://twitter.com/mtaibbi/status/1610372367909363714*

196 *https://twitter.com/mtaibbi/status/1610372376792891395*

197 *https://twitter.com/mtaibbi/status/1610372379607277572*

198 *https://twitter.com/mtaibbi/status/1610372385932443648*

199 *https://twitter.com/mtaibbi/status/1610372404903313408*

200 *https://twitter.com/mtaibbi/status/1610372407549730826*

201 *https://twitter.com/mtaibbi/status/1610372410338934784*

202 *https://twitter.com/mtaibbi/status/1610376851377061888*

203 *https://twitter.com/mtaibbi/status/1610394284867436547*

204 *https://twitter.com/mtaibbi/status/1610394294850064385*

205 *https://twitter.com/AlexBerenson/status/1612527607689404442*

206 *https://twitter.com/mtaibbi/status/1613589038895886338*

207 *https://twitter.com/mtaibbi/status/1613589057480658967*

208 *https://securingdemocracy.gmfus.org/hamilton-68-a-new-tool-to-track-russian-disinformation-on-twitter/.*

209 *https://twitter.com/mtaibbi/status/1613589060202954752*

210 *https://securingdemocracy.gmfus.org/about-us/.*

211 *https://twitter.com/lhfang/status/1615008625575202818*

212 *https://twitter.com/lhfang/status/1615013698267148289*

213 *https://twitter.com/lhfang/status/1615011238223958018*

214 *https://twitter.com/lhfang/status/1615012029374533634*

215 *https://twitter.com/lhfang/status/1615013698267148289*

216 *https://twitter.com/lhfang/status/1615013698267148289*

217 *https://www.alexander-wallasch.de/gastbeitraege/ die-twitter-files-15-wie-die-pharmalobby-ihren-einfluss- auf-die-sozialen-medien-nutzte.*

218 *https://www.bild.de/politik/inland/politik-inland/enthuellt- geheim-gipfel-mit-facebook-und-google-liess-die-regierung- unliebsame-c-82666226.bild.html.*

219 *https://twitter.com/lhfang/status/1615018277436264451*

220 *https://twitter.com/lhfang/status/1615019469516197891*

221 *https://twitter.com/lhfang/status/1615021678328938504*

222 *https://twitter.com/lhfang/status/1615022757229785088*

223 *https://twitter.com/PhRMA/status/1590426022427639810?cxt =HHwWhICyxc-CqpIsAAAA*

224 *https://www.rollingstone.com/tv-movies/tv-movie-recaps/ woody-harrelson-snl-monologue-anti-vax-rant-conspiracy- theory-1234686880/.*

225 *https://www.businessinsider.com/what-is-hamilton-68- russian-online-influence-tracker-2023-2.*

226 *https://twitter.com/mtaibbi/status/1619029887809122304*

227 *https://twitter.com/elonmusk/status/1619059852210503680*

228 *https://twitter.com/mtaibbi/status/1619029819584565249*

229 *https://twitter.com/mtaibbi/status/1619029823271350272*

230 *https://twitter.com/mtaibbi/status/1619029846025441280*

231 *https://twitter.com/mtaibbi/status/1619029906498949122*

232 https://www.cjr.org/tow_center/battleground-information-war.php#:~:text=In%201970%2C%20the%20Canadian%20cultural,not%20on%20a%20defined%20battlefield.

233 Zum Beispiel hier: https://twitter.com/search?q=m%C3%A4nner%20haben%20einen%20penis&src=typed_query.

234 Weitere Einzelheiten dazu lassen sich in unserem Buch *Gesundheitsdiktatur – Bill Gates' Angriff auf die Demokratie*, Kopp Verlag, 2020, nachlesen.

235 https://de.wikipedia.org/wiki/Entdeckung_Amerikas_1492#:~:text=Um%20zwei%20Uhr%20am%20Morgen,die%20von%20Tainos%20bev%C3%B6lkert%20waren.

236 https://de.wikipedia.org/wiki/Overton-Fenster#:~:text=Als%20Overton%2DFenster%20wird%20oder,dem%20Gesichtspunkt%20der%20%C3%B6ffentlichen%20Moral.

237 Zitiert nach: Leo Sievers: *Revolution in Deutschland – Geschichte der Bauernkriege*, Fischer-Verlag 1980, S. 24.

238 https://twitter.com/sarahbosetti/status/1466829037645582341?lang=de

239 https://www.nzz.ch/international/verfassungsschutz-spaeht-mit-hunderten-fake-accounts-extremisten-aus-ld.1703769.

240 https://www1.wdr.de/nachrichten/gender-umfrage-infratest-dimap-100.html.

241 https://www.bpb.de/themen/linksextremismus/dossier-linksextremismus/33699/totalitarismus/.

242 Simone de Beauvoir: *Das andere Geschlecht*, 1949.

243 https://www.ndr.de/nachrichten/hamburg/Pimmelgate-Plakat-im-Schanzenviertel-sorgt-fuer-Wirbel,grote578.html.

244 https://www.evangelisch.de/inhalte/155887/13-04-2019/bischof-koch-vergleicht-greta-mit-jesus.

245 https://twitter.com/OERRBlog/status/1574097278473748482/photo/1

246 Hier sei vor allem auf das Werk *Der Archipel Gulag* von Alexander Solschenizyn hingewiesen. Der Autor nimmt in großem Detailreichtum eine vernichtende Bestandsaufnahme des totalitären Geistes anhand der Sowjetunion vor. Bezeichnenderweise wird das Buch momentan von keinem deutschen Verlag zur Gänze verlegt.

247 Dr. Otto Wenzel, Vortrag vom 25. Januar 2011: »Die Moskauer Schauprozesse 1936, 1937 und 1938«.

248 Manfred Hildermeier: *Geschichte der Sowjetunion 1917–1991. Entstehung und Niedergang des ersten sozialistischen Staates,* München 1998, S. 299 f.

249 *https://lebenswege.faz.net/traueranzeige/maria-ladenburger.*

250 *https://weitblicker.org/freiburg/.*

251 Grundlegend hat C. G. Jung dieses Thema behandelt. Moderne Ansätze sehen etwa so aus: *https://fee.org/articles/ the-diagnosis-and-treatment-of-ideological-possession/.*

252 *https://mashable.com/article/threatening-posts-secret-service.*

253 Im Original: »It's tempting to use the analogy of rats fleeing a sinking ship to describe the growing number of Republican elected officials starting to speak out against Donald Trump. But that's really not fair to rats, who tend not to be complicit in driving ships to the bottom of the sea.« Quelle: *https://twitter.com/DanRather/ status/1317537266009481216*

254 *https://twitter.com/foreignpolicy/status/898235665342767106?lang=de*

255 George Santayana: *Life of reason,* Scribner 1905, S. 284.

256 *https://twitter.com/bariweiss/status/1602373896648282112*

257 *https://en.wikipedia.org/wiki/Basket_of_deplorables.*

258 *https://twitter.com/bariweiss/status/1602364672874643456*

259 *https://twitter.com/bariweiss/status/1602364863182868480*

260 *https://www.tichyseinblick.de/daili-es-sentials/drama-in-berlin-habeck-lindner-streit/.*

261 Zum Beispiel hier: *https://www.zeit.de/politik/deutschland/2021-11/ bundesverfassungsgericht-bundesnotbremse-war-rechtmaessig.*

262 *https://twitter.com/mtaibbi/status/1598825594908819457*

263 *https://www.tagesspiegel.de/politik/merkels-neuland-wird-zur-lachnummer-im-netz-4403470.html.*

264 Ein paar Beispiele finden sich hier: *https://www.rundschau-online. de/ratgeber/digital/facebook-partys-tausende-gaeste-zerstoerte-haeuser-diese-feiern-gingen-daneben-325464?cb=1673099532040.*

265 Günter Maschke: »Verschwörung der Flakhelfer« in Günter Maschke: *Das bewaffnete Wort*, Karolinger Verlag Wien, 1997

266 Emanuel Geibel: Deutschlands Beruf, 1861.

267 *https://www.tagesspiegel.de/gesellschaft/medien/ard-ist-spitze-bei-negativen-trump-berichten-4928803.html.*

268 *https://www.zeit.de/politik/ausland/2020-11/waehlergruppen-usa-minderheiten-schwarze-lationos-donald-trump-erfolg.*

269 *https://twitter.com/lhfang/status/1605292454261182464*

270 Zum Beispiel hier: *https://www.berliner-zeitung.de/news/ elfjaehrige-vergewaltigt-jugendlicher-zu-bewaehrungsstrafe-verurteilt-li.248390.*

271 *https://www.stern.de/politik/deutschland/-rechtswidrige-aktion--sitzblockade-koennte-folgen-fuer-thierse-haben-3099816.html.*

272 *https://www.welt.de/politik/deutschland/article236706981/ Ricarda-Lang-Gruenen-Chefin-zeigt-Verstaendnis-fuer-Blockaden-von-Klimaaktivisten.html.*

273 *https://www.berliner-zeitung.de/politik-gesellschaft/korruption-in-deutschland-neuer-bericht-von-transparency-international-so-kaeuflich-sind-politiker-und-verwaltung-li.312429.*

274 *https://www.youtube.com/watch?v=Co7NIGaRSsk.*

275 *https://www.bundesgesundheitsministerium.de/coronavirus/ faktenblatt-schutzmasken.html.*

276 *https://www.cfr.org/in-brief/which-countries-are- requiring-face-masks.*

277 *https://eastasiacenter.as.virginia.edu/news/japans- response-coronavirus-timeline-major-events.*

278 Hauptprotagonist in Heinrich Manns Roman *Der Untertan.*

279 *https://de.wikipedia.org/wiki/Euromaidan#:~:text= Euromaidan%20(auch%20Euromajdan%2C%20ukrainisch %20%D0%84%D0%B2%D1%80%D0%BE%D0%BC%D0% B0%D0%B9%D0%B4%D0%B0%D0%BD,November %202013%20und%20Februar%202014.*

280 *https://www.merkur.de/politik/ukraine-krieg-russland- baerbock-putin-sanktionen-wladimir-aussenminister-sergej- lawrow-eu-nato-zr-91374034.html.*

281 The Joe Rogan Experience #1940 – Matt Taibbi, *https://open.spotify.com/episode/1BYwylJ4AccjLAZth9NmDi.*

282 *https://www.it-daily.net/analysen/internet-geschwindigkeit- weltweit-deutschland-auf-platz-25#:~:text=Deutschland%20 liegt%20im%20Ranking%20weit,6%20Mbit%2Fs%20erreicht %20Singapur.*

283 *https://www.reisereporter.de/artikel/16142-bahn-vergleich- europaeischen-laendern-sind-zuege-am-puenktlichsten.*

284 *https://www.bundesregierung.de/breg-de/themen/umgang-mit- desinformation/netzwerkdurchsetzungsgesetz-1875134.*

285 *https://www.buzer.de/4_NetzDG_Netzwerkdurchsetzungsgesetz. htm#:~:text=(2)%20Die%20Ordnungswidrigkeit%20kann, f%C3%BCnf%20Millionen%20Euro%20geahndet%20werden.*

286 *https://www.steinhoefel.com/2019/05/opening-statement-in-der-anhoerung-des-rechtsausschusses-des-bundestages-zum-netzdg.html.*

287 *https://www.zeit.de/news/2022-07/01/aufbau-von-meldestellen-fuer-rassismus-und-queerfeindlichkeit.*

288 *https://www.amadeu-antonio-stiftung.de/projekte/meldestelle-antifeminismus/.*

289 *https://www.amadeu-antonio-stiftung.de/wp-content/uploads/2019/09/handreichung_bag_antifeminismus.pdf.*

290 Dieses allgemein bekannte Zitat wird Bertolt Brecht zugeschrieben.

291 Zum Beispiel hier: *https://www.tagesschau.de/ausland/amerika/musk-twitter-109.html.*

292 Alexander Solschenizyn: »Live not by Lies«, 1974 *https://firstlibertylive.com/wp-content/uploads/2021/10/LivebyNotLies.pdf.*

293 Elene Gorokhova: »Goodbye Leningrad«, S. 181.

294 Karl-Marx: *Kritik des Gothaer Programms*, 1875.

295 *https://www.3sat.de/dokumentation/tiere/ameisen-die-heimliche-weltmacht-106.html#:~:text=%22Universum%22%2DFilmer%20Wolfgang%20Thaler,Ameisen%20auf%20Film%20zu%20bannen.*

296 Friedrich Schiller: *Wilhelm Tell*, 1. Akt, 3 Szene.

297 Friedrich Schiller: *Wilhelm Tell*, 1. Akt, 3. Szene.

298 *https://public.substack.com/p/exclusive-senator-mark-kelly-called?utm_source=post-email-title&publication_id=279400&post_id=108223660&isFreemail=true&utm_medium=email.*

299 Herman Melville: *Bartleby der Schreiber*, 1853.

300 Johann Wolfgang von Goethe: *Die guten Weiber*, 1800.

301 Mohandas Gandhi

Bildnachweis

Adobe Stock

Seite 8: © Silvio / Seite 16-17: © Tada Images /
Seite 124–125: © metamorworks / Seite 19: © tashatuvango /
Seite 27: © NicoElNino / Seite 96: © natanaelginting /
Seite 96: © Bussarin / Seite 101: © jaz_online /
Seite 132: © BillionPhotos.com / Seite 137: © bramgino /
Seite 143: © sughra / Seite 151: © Kamshylin /
Seite 191: © antiqueimages / Seite 195: © violetkaipa /
Seite 199: © Nika Lerman

Wikimedia

Seite 16: © Raimond Spekking / Seite 23: © cellanr /
Seite 30: © Daniel Ogren / Seite 37: © The Royal Society /
Seite 47: © Occupy Wall Street / Seite 62: © Access Now /
Seite 118: © United Press - Library of Congress, Gemeinfrei /
Seite 147: © Bracha L. Ettinger / Seite 159: © Bert Verhoeff for Anefo /
Seite 178: © Gnatoush / Seite 189: © Amadeu Antonio Stiftung /

picture alliance/dpa

Seite 65: © Paul Zinken / Seite 69: © Gage Skidmore /
Seite 75: © REUTERS Evelyn Hockstein /
Seite 79: © ASSOCIATED PRESS John Minchillo /
Seite 91: © EPA / TOLGA AKMEN

shutterstock

Seite 109: © Sasa Dzambic Photography /
Seite 129: © Everett Collection